U0536412

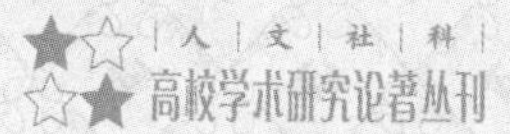

家庭经济困难大学生未来时间洞察力与职业决策自我效能感的关系研究

赵伯妮　著

图书在版编目 (CIP) 数据

家庭经济困难大学生未来时间洞察力与职业决策自我效能感的关系研究 / 赵伯妮著 . -- 北京 : 中国书籍出版社 , 2022.7

ISBN 978-7-5068-9062-5

Ⅰ . ①家… Ⅱ . ①赵… Ⅲ . ①特困生 – 大学生 – 就业 – 研究 – 中国 Ⅳ . ① G647.38

中国版本图书馆 CIP 数据核字（2022）第 110580 号

家庭经济困难大学生未来时间洞察力与职业决策自我效能感的关系研究

赵伯妮　著

丛书策划　谭　鹏　武　斌
责任编辑　牛　超
责任印制　孙马飞　马　芝
封面设计　东方美迪
出版发行　中国书籍出版社
地　　址　北京市丰台区三路居路 97 号 (邮编：100073)
电　　话　（010）52257143（总编室）　（010）52257140（发行部）
电子邮箱　eo@chinabp.com.cn
经　　销　全国新华书店
印　　厂　三河市德贤弘印务有限公司
开　　本　710 毫米 ×1000 毫米　1/16
字　　数　166 千字
印　　张　10.5
版　　次　2023 年 3 月第 1 版
印　　次　2023 年 3 月第 1 次印刷
书　　号　ISBN 978-7-5068-9062-5
定　　价　70.00 元

目 录

第1章　绪　论

1.1　问题的提出

近年来,高校大学生毕业人数大幅增高。相关会议指出,2022年高校大学生毕业人数突破1000万,达到历史新高,大学生就业形势十分严峻。家庭经济困难大学生作为大学生群体中的一部分,是达到国家教育部等部门认定的家庭经济困难学生标准,据相关研究,家庭经济困难大学生较普通大学生在心理健康表现、就业信心表现方面存在显著差异。党中央、国务院高度重视高校毕业生就业工作,强调各地方各高校要坚决把毕业生就业工作放在首位,多方位多渠道开拓就业渠道,确保高校毕业生就业水平总体稳定、就业态势基本平稳。2022年4月,共青团中央做出了系列举措帮扶家庭经济困难大学生,特别是一般院校家庭经济困难大学生,落实精准帮扶,促进家庭经济困难大学生稳就业、保就业。尽管如此,政府干预下的大学生就业发生的作用还是有限的,家庭经济困难大学生在社会大环境下的就业态势依然严峻。这样的就业态势势必导致家庭经济困难大学生就业焦虑情绪的蔓延,就业不自信、就业压力问题会进一步凸显,最终势必影响到家庭经济困难大学生的身心健康发展。这在2021年团中央对大学生就业情况的大样本调查中得到验证,特别指出家庭经济困难大学生成为就业工作的核心。家庭经济困难大学生的就业难问题关系着当前国家脱贫攻坚成果与乡村振兴的有效衔接,影响着各个脱贫中的家庭对教育投资的积极性,也影响着社会安定。家庭经济困难大学生的顺利就业,将是带着脱贫中的家庭走上振兴之路的关键，影响着社会的繁荣发展。当前，家庭经济困难大学生的就业问题已受到社会各界普遍关注。

显然，当前客观存在的就业环境已然是我们所不能改变的，那如何更好地实现对家庭经济困难大学生就业的精准帮扶？共青团中央2021年开展的高校大学生就业大样本调查结果显示，影响家庭经济困难大学生就业的主要因素是其主体因素，如就业能力不自信、就业焦虑等问题。近有研究也指出，个体的内在因素，如职业决策自我效能感对大学生求职结果、职业生涯适应力、职业成功有显著的预测效应。因此，可从家庭经济困难大学生的主体因素，如就业能力、就业自信心不足等难题开展理论研究，寻求解决其影响就业难根本问题的有效方法。高校作为教育的主体，应从增强家庭经济困难大学生的就业教育方面着手，提升就业竞争力，强化就业自信心培养，更好帮扶家庭经济困难大学生实现就业。因此，有必要对家庭经济困难大学生职业决策自我效能感的微观层面因素以及其作用机制进行考察。

近年来，国内外学者在开展职业决策自我效能感的相关研究中发现，未来时间洞察力对职业决策自我效能感有预测效应。高未来时间洞察力个体，具有更积极的未来意识和未来感知，更积极规划未来与积极解决问题，拥有较高的职业决策自我效能感。同时，国家、政府、家庭、高校、社会都在积极构建一个组织体系助力家庭经济困难大学生就业，那么家庭经济困难大学生自身对客观的社会支持领悟感知的程度是如何呢？据相关研究显示，大学生领悟社会支持程度高的个体，会拥有更积极的心理资源，获得更好的就业资源，拥有更高的职业决策自我效能感。从这些研究，我们可以判断个体以积极的未来认知、积极的领悟社会支持资源，从而构建更积极的自我概念，促进职业决策自我效能感的提升，以助于个体在未来的就业行为中面对就业决策、职业规划显得更有自信、更从容。

心理资本是我们生活中重要的心理资源，它是区别于人力资本、社会资本的一种资源。研究显示，拥有积极的心理资本，能显著提升个体的绩效，能促进个体更好地面对挫折。

为此，本书以未来时间洞察力为切入口，力图通过对职业决策自我效能感的作用及内在机制的分析，为提升家庭经济困难大学生就业自信和有效缓解当前大学生就业难问题提供一条新的纾解道路，为实现当前的家庭经济困难大学生精准帮扶和就业指导提供建议与对策。第一，本书实证考察家庭经济困难大学生未来时间洞察力、心理资本、领悟社会支持和职业决策效能感在性别、年级、生源地、学科、曾有无留守经历等人口学因素上是否存在显著差异。第二,本书认为,未来时间洞察力对职业决策效能感是具有正向预测效应的,并通过心理资本、领悟社会支持分别发生中介作用或者联合发生链式中介作用,以提升职业决策自我效能感,因此,研究目标之一就是验证未来时间洞察力、心理资本、领悟社会支持和职业决策效能感两两之间具有显著相关关系;研究目标之二就是实证检验心理资本、领悟社会支持在未来时间洞察力和职业决策自我效能感之间的单独中介作用;研究目标之三就是实证检验心理资本和领悟社会支持在未来时间洞察力和职业决策自我效能感之间的链式中介作用。第三,通过挖掘未来时间洞察力对职业决策自我效能感的作用机制原理,探索心理资本、领悟社会支持的特殊作用,从个人认知因素、心理因素、社会因素提出构建积极就业心理系统,为开展家庭经济困难大学生就业精准帮扶指导提供建议和对策。

1.2 研究思路、内容与结构安排

1.2.1 研究思路

本书以“家庭经济困难大学生职业决策自我效能感的提升以构建自身积极就业心理系统”为问题的出发点,研究遵循着“从个体积极心理视角开展家庭经济困难大学生职业决策自我效能感的必要性→家庭经济困难大学生未来时间洞察力、心理资本、领悟社会支持与职业决策自我效能感的概念、内涵、结构与理论基础→家庭经济困难大学生未来时间洞察力、心理资本、领悟社会支持与职业决策自我效能感的影响因素→家庭经济困难大学生未来时间洞察力、心理资本、领悟社会支持与职业决策自我效能感的相关关系→家庭经济困难大学生未来时间洞察力对职业决策自我效能感的预测效应→心理资本、领悟社会支持在家庭经济困难大学生未来时间洞察力与职业决策自我效能感的作用路径”的思路展开。

具体而言,首先,通过文献研究及述评,找出研究的不足,明确从家庭经济困难大学生积极就业心理资源构建这一微观角度定量研究职业决策自我效能感的重要性和必要性；其次，通过文献述评，结合本研究的目的，明确未来时间洞察力、心理资本、领悟社会支持和职业决策自我效能感的概念定义、结构和理论基础，并确定其适应本书的测量工具；再次，根据当前的相关研究，论证辨析未来时间洞察力、心理资本、领悟社会支持与职业决策自我效能感的可能存在关系，并开展实证的探讨；最后，从提升家庭经济困难大学生职业决策自我效能感和构建积极就业心理系统构建提出对策措施，为高校实现对家庭经济困难大学生就业精准帮扶、开展就业教育指导提出新思路、新模式及具体措施。本书技术路线图如图 1–1 所示。

1.2.2 研究内容

第一，探索家庭经济困难大学生未来时间洞察力、心理资本、领悟社会支持与职业决策效能感的现状情况及人口学因素上的差异。通过文献研究方法科学界定未来时间洞察力、心理资本、领悟社会支持与职业决策自我效能感的概念，理清未来时间洞察力、心理资本、领悟社会支持与职业决策自我效能感的结构要素与理论基础，结合研究对象及目的，确定其测量工具，并通过共同方法偏差检验、描述统计、单因素方差分析等统计方法验证该调查方法的有效性，揭示家庭经济困难大学生未来时间洞察力、心理资本、领悟社会支持与职业决策自我效能感的现状特点及在性别、年级、学科、生源地、曾有无留守经历等因素上的差异情况。

第二，探究家庭经济困难大学生未来时间洞察力、心理资本、领悟社会支持和职业决策自我效能感的两两关系。通过梳理文献材料，提出未来时间洞察力、心理资本、领悟社会支持和职业决策自我效能感的两两相关关系假设，以及未来时间洞察力对职业决策自我效能感具有预测效应的理论假设，运用相关分析统计方法进行实证分析，得出相关结论。

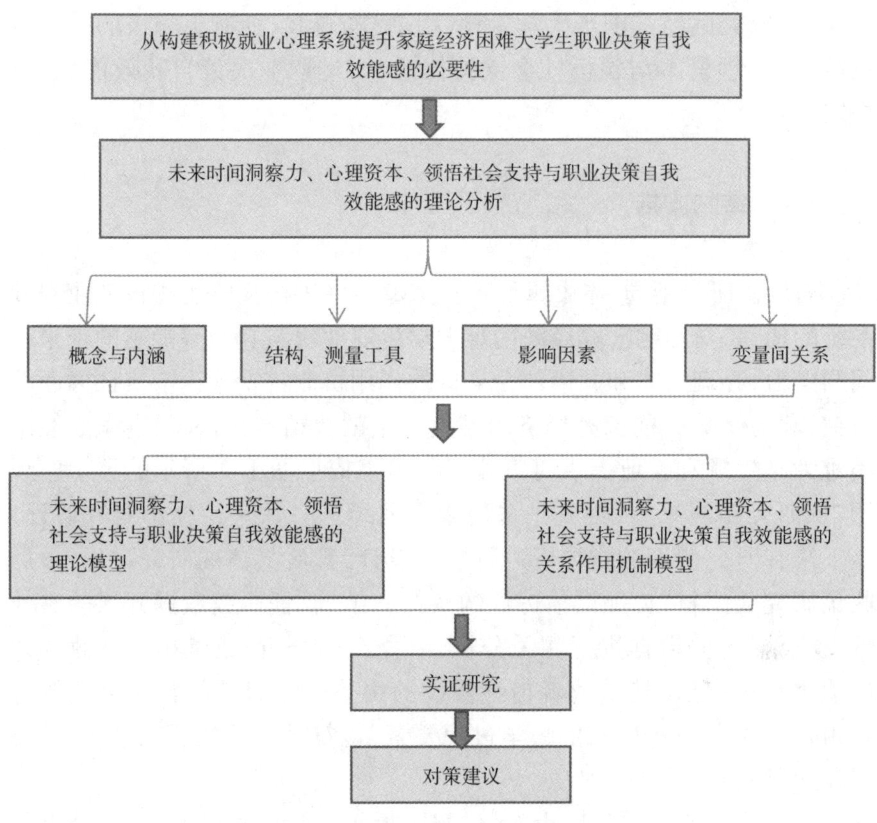

图1-1　本书技术路线图

第三,研究心理资本、领悟社会支持在家庭经济困难大学生时间洞察力和职业决策自我效能感关系之间的作用机理。在回顾相关理论的基础上,构建未来时间洞察力对职业决策自我效能感的作用机理模型,探究各影响因素之间的层次性,提出心理资本、领悟社会支持在未来时间洞察力和职业决策自我效能感之间分别单独发生中介作用,还提出心理资本和领悟社会支持能够联结起来在未来时间洞察力和职业决策自我效能感关系之间发生链式中介作用,通过中介效应统计方法,进行实证分析,得出相关结论。

第四,根据实证研究结论,家庭经济困难大学生未来时间洞察力对职业决策效能感具有预测效应,心理资本、领悟社会支持在未来时间洞察力和职业决策自我效能感之间单独发生中介作用以及心理资本和领悟社会支持联合发生链式中介作用,以此提出从认知资源、心理资源、社会支持资源三方面,提出家庭经济困难大学生就业精准帮扶的举措与建议，帮助家庭经济困难大学生构建积极的自我，拥有更积极的未来自我认知、心理资本与领悟社会支持体验，增进职业决策自我效能感，更好实现就业。

1.2.3 结构安排

与以往研究不同，本书重点关注家庭经济困难大学生积极就业心理系统的构建，对影响家庭经济困难大学生职业决策自我效能感的未来时间洞察力、心理资本和领悟社会支持的作用机制进行理论与实证方面的研究，着力于为当前家庭经济困难大学生就业精准帮扶、促进家庭经济困难大学生顺利就业提供对策建议。本书依据图 1-1 所示的技术路线图，从研究路线来看，首先是采用逻辑演绎的方法理论提出研究假设，接下来在研究假设的指导下进行研究设计，开展具体的研究过程，最后收集研究数据材料，提供描述性的数据归纳，验证研究数据开展的有效性，继而对这些数据进行相关分析、中介作用分析，通过相关系数和效应值大小等，做出接受或者拒绝假设的决策。该研究的整体思路符合 Wallace（1971）提出来的科学过程要素，也符合规范的研究逻辑，具备了科学研究的可行性。

本书从拟解决的问题出发，依照图 1-1 所示的技术路线，将全书共分为 10 章，具体结构安排如下：

第 1 章是绪论。根据当前国内高校毕业生就业持续增长、面临的就业形势依然严峻、理论研究聚焦宏观层面的客观现实，再具体到当前国家脱贫攻坚向乡村振兴的有效衔接政策，研究重点关于国内一般院校家庭经济困难大学生就业情况，确定从家庭经济困难大学生主体积极就业心理系统构建这一微观层面因素开展家庭经济困难大学生职业决策自我效能感的研究，提出研究思路、研究内容与框架结构，明确本研究的创新点、理论意义及实践意义。

第 2 章是家庭经济困难大学生未来时间洞察力、心理资本、领悟社会支持与职业决策自我效能感的概念定义及相关文献研究述评。首先，通过文献研究材料的梳理，对未来时间洞察力、心理资本、领悟社会支持和职业决策自我效能感的概念、结构、测量、影响因素以及相关研究进行分析述评；其次，对未来时间洞察力和职业决策自我效能感的关系研究进行研究文献梳理和综述；再次，对心理资本、领悟社会支持分别职业决策自我效能感的关系进行相关文献研究梳理，理清心理资本、领悟社会支持对职业决策自我效能感的影响作用，并进行述评；最后，对未来时间洞察力、心理资本、领悟社会支持和职业决策自我效能感之间的作用机制相关研究进行综述，明确四者之间关系的进一步研究空间。

第3章是家庭经济困难大学生未来时间洞察力、心理资本、领悟社会支持与职业决策自我效能感之间关系研究现存的不足，并提出研究目的。在结合第2章文献回顾述评和相关研究的基础上，本书从研究对象、中介作用因素、积极心理取向的就业指导培养三个方面提出当前研究尚缺乏的地方，并据此提出本书的研究目的。本书的研究目的主要有4个方面，一是了解家庭经济困难大学生当前未来时间洞察力、心理资本、领悟社会支持和职业决策的自我效能感的现状特点；二是探索家庭经济困难大学生未来时间洞察力对职业决策自我效能感的预测作用；三是探索心理资本、领悟社会支持在家庭经济困难大学生未来时间洞察力和职业决策自我效能感之间的独立中介作用；四是探索心理资本和领悟社会支持在家庭经济困难大学生未来时间洞察力和职业决策自我效能感之间的链式中介作用。

第4章是家庭经济困难大学生未来时间洞察力、心理资本、领悟社会支持与职业决策自我效能感关系的关系研究过程。根据实证研究的逻辑推演，研究设计可行性方案，提出研究假设，明确研究对象、研究方法、研究工具、施测程序以及数据处理方式等。从积极情绪扩建理论、社会职业认知理论以及生涯适应建构理论构建未来时间洞察力、心理资本、领悟社会支持与职业决策自我效能感之间关系的理论模型，在已有文献研究基础上提出五个研究假设。另外，为确保研究的有效性，本章对各变量的测量题项进行详细的信度分析，检验测量题项的信度都达到可接受水平，具有可靠性。在数据分析与处理的方法方面，为后面的研究做好准备，本章对描述统计、单因素方差检验、相关分析进行了详细介绍，尤其对中介变量的检验程序及需要满足的条件进行了详细的处理说明。

第5章家庭经济困难大学生未来时间洞察力、心理资本、领悟社会支持与职业决策自我效能感关系的实证研究。由于本书是采用问卷调查方法，都是属于被试的自我报告，具有方法的共同性。因此，本章第一节采用共同偏差检验方法检验研究的有效性，为后续的实证分析提供效度。本章第二节对样本数据进行描述统计及差异检验分析，详细描述了家庭经济困难大学生未来时间洞察力、心理资本、领悟社会支持和职业决策自我效能感的特点分析及在人口学因素上的差异情况，进而获得对家庭经济困难大学生在这四个因素上的表现特点。第三节对样本数据进行了相关关系分析，主要是检验家庭经济困难大学生未来时间洞察力、心理资本、领悟社会支持与职业决策自我效能感两两之间是否存在显著关系，为后续开展中介作用分析提供可能性。第四节、第五节对样本数据进行中介作用检验，主要研究心理资本、领悟社会支持在家庭经济困难大学生未来时间洞察力和职业决策自我效能感之间的单独中介作用以及心理资本和领悟社会支持能联合起来发生链式中介作用，根据数据分析，得出总体研究结果。

第 6 章家庭经济困难大学生未来时间洞察力、心理资本、领悟社会支持与职业决策自我效能感的特点分析。在第 5 章实证研究结果的基础上，总体分析家庭经济困难大学生未来时间洞察力、心理资本、领悟社会支持和职业决策自我效能感的总体特点及差异特点，并与其他相关研究进行比较讨论，了解对家庭经济困难大学生在这四个因素上的情况表现。

第 7 章家庭经济困难大学生未来时间洞察力、心理资本、领悟社会支持与职业决策自我效能感的关系分析。根据第 5 章的研究结果，未来时间洞察力对职业决策自我效能感的预测效应以及心理资本、领悟社会支持在两者之间的作用机理，结合理论模型与研究假设，与当前的相关研究进行讨论，提出本书发现的理论观点。

第 8 章是研究结论、价值与局限。依据第 5 章的研究结果和第 6、7 章的研究分析讨论，本章节提出研究的结论。结合前文的研究结果及结论，逻辑论证理论创新与研究价值，具体分析研究中的价值点，并从研究方法、研究程序以及研究对象选取等方面提出研究存在的可能不足，从而提出未来的研究方向。

第 9 章是提升高校家庭经济困难大学生职业决策自我效能感的路径分析。结合本书是从解决实际问题出发，本书研究结果可应用于高校家庭经济困难大学生就业精准帮扶及就业指导教育的具体实践中，从提升家庭经济困难大学生职业决策自我效能感应关注的重点领域、培养思路方面提出高校提升家庭经济困难大学生职业决策自我效能感的培育路径。

第10章是构建家庭经济困难大学生积极的就业心理系统。结合本书的结论,将未来时间洞察力对职业决策自我效能感的作用机制机理应用于就业指导教育,从积极职业观、积极体验、积极人格、积极就业教育等方面提出构建高校家庭经济困难大学生的就业心理系统。

1.3 研究创新点和研究意义

1.3.1 研究创新点

本书聚焦于家庭经济困难大学生职业决策效能感问题研究,分析了家庭经济困难大学生心理资本和领悟社会支持在未来时间洞察力与职业决策自我效能感关系之间的单独中介作用,同时也分析了两者联合发生的链式中介作用,从而揭示了未来时间洞察力和职业决策自我效能感之间产生作用的具体过程。本书对现有研究的拓展和理论贡献表现在以下四个方面:

第一,研究对象的拓展。关于未来时间洞察力对职业决策自我效能感关系研究,本书首次把视角聚焦于家庭经济困难大学生,拓展了以往对青少年、大学生群体的对象研究。本书研究对象是着眼于当下的时代环境的选择,对推进当前国家对高校家庭经济困难学生的帮扶就业具有积极意义。至2019年以来,高校毕业生人数增加明显,2022年更是突破1000万,家庭经济困难毕业生的顺利就业对阻断家庭代际经济困难、促进乡村振兴战略的实施具有重要意义,因此本书把研究对象聚焦于高校家庭经济困难毕业生,拓展以往未来时间洞察力对职业决策自我效能感的关系研究,以期促进其就业自信,实现顺利就业。

第二,丰富心理资本对提升家庭经济困难大学生职业决策自我效能感的理论解释。引入心理资本因素探讨未来时间洞察力对职业决策自我效能感的关系研究,心理资本是积极心理学理论中的重要概念,是促进个体积极成长和实现绩效提升的重要的心理资源。面对家庭经济困难大学生实现顺利就业这一重要命题,本书认为解决帮扶家庭经济困难大学生就业问题除了政府、家庭、高校的责任以外,重要的落脚点还在于家庭经济困难大学生个体心理状态所具有的积极力量,他们是内生的、更具有直接作用的力量,未来研究应该重点探究家庭经济困难大学生这些内在积极心理力量与就业能力之间的问题。本书突破以往宏观政策角度研究家庭经济困难大学生就业问题的研究路线,更加重视积极心理在家庭经济困难大学生职业决策自我效能的形成与提升中所扮演的角色与起到的积极作用,以期丰富心理资本对提升家庭经济困难大学生职业决策自我效能感的理论解释。

第三,深化和拓展家庭经济困难大学生未来时间洞察力与职业决策自我效能感关系的作用机制。以往研究,大都证实了未来时间洞察力对职业决策自我效能感的相关关系以及预测作用,也纳入了自尊与领悟社会支持在其中的作用机制研究。本书基于整体积极就业心理建构的框架,考虑心理资本这一积极情感因素,综合考虑家庭经济困难大学生心理资本、领悟社会支持对未来时间洞察力与职业决策自我效能感之间的作用机制,验证了未来时间洞察力对职业决策自我效能感的预测作用,深化拓展了心理资本这一心理因素在两者关系中的作用机制。

第四,考察家庭经济困难大学生未来时间洞察力的作用。增强家庭经济困难大学生就业自信是高校就业帮扶工作的重要内容,是实现家庭经济困难大学生物质帮扶到心理帮扶的重要提升。以往研究验证了自尊与领悟社会支持在未来时间洞察力与职业决策自我效能之间的链式中介作用,自尊具有内隐自尊和外显自尊,对开展家庭经济困难大学生心理帮扶的应用性还有待提升。而未来时间洞察力是关乎个体未来意识的感知,是个体在成长发展过程表现对未来意识的认识、情感和行为的倾向,具有人格特质、动力性和适应性,对促进个人成长发展而言是重要的心理资源。未来时间洞察力是指向未来,家庭经济困难大学生的就业自信、就业选择也是指向未来,两者之间具有紧密的内在联结。未来时间洞察力的培养与提升对家庭经济困难大学生未来的职业发展与职业选择、对高校开展职业生涯规划教育具有重要意义和启示。因此,重点考察家庭经济困难大学生未来时间洞察力对职业决策自我效能感的作用机制,以提升家庭经济困难大学生心理帮扶,增强就业指导的教育成效。

本书将职业决策自我效能感与提升家庭经济困难大学生就业精准帮扶问题结合起来,尝试探讨家庭经济困难大学生未来时间洞察力对职业决策自我效能感的影响路径。家庭经济困难大学生职业决策自我效能感在不同的未来自我认知、心理资本和领悟社会支持体验状态下可能会呈现不同的水平表现。因此，本书一方面考察家庭经济困难大学生未来时间洞察力、心理资本、领悟社会支持和职业决策自我效能感的现状特点，另一方面考察心理资本、领悟社会支持在未来时间洞察力与职业决策自我效能感之间的单独中介作用，以及心理资本和领悟社会支持在两者间的链式中介作用，因此本书丰富并深化了积极情绪扩建理论，同时为家庭经济困难大学生就业指导教育与精准帮扶提供新的思路与方向。

1.3.2 研究意义

目前，家庭经济困难大学生未来时间洞察力对职业决策自我效能感的作用机制研究正处于起步阶段，本书聚焦于这一领域，采用科学的、规范的实证研究方法，对家庭经济困难大学生未来时间洞察力、心理资本、领悟社会支持与职业决策自我效能感的关系模型进行了检验。

第一，理论意义。

（1）丰富了积极情绪扩建理论。Fredrickson（1998）提出的积极情绪拓展－建构理论认为，积极情绪不仅反映了个体的幸福体验，也对促进个体的成长与发展具有重要意义，具有长期的适应价值。她认为积极情绪具有两大核心功能，即瞬时的拓展功能，可以拓展个体即时的思维－行动范畴；以及长期的建构功能，可以建构个体长久的身体、认知、社会等的志愿。积极情绪通过这两大功能促使个体产生螺旋式上升并增进个体幸福。近些年，积极情绪、积极心理的研究受到研究者们的重要关注，对心理行为的研究从消极导向（诸如消除大学生就业压力等）的视角研究大学生职业就业难题，往积极导向转变（诸如如何更好发掘大学生个体潜能、优势，更好促进就业发展与就业决策等）。本书从未来时间洞察力、心理资本和领悟社会支持考察其对职业决策自我效能感的影响，未来时间洞察力是关于未来自我的感知，具有人格特质，高未来时间洞察力的个体具有更积极的人格，而心理资本是体现个体的积极心理资源，是积极心理学研究中的重要概念，领悟社会支持强调个体对客观支持的感知与体验，拥有高领悟社会支持的个体具有更积极更开放的自我概念。因此从这三个因素考察其对职业决策自我效能感的作用机制，进一步挖掘了积极人格、积极情绪与积极社会支持三个积极心理构建框架下家庭经济困难大学生职业决策自我效能感的产生与发展，从积极心理的角度重新看待和理解蕴藏在职业发展行为中个人的潜能，丰富积极情绪拓展－建构理论内涵。

（2）扩展了生涯建构理论。Savickas（2002）的生涯建构理论（Career Construction Theory）认为，由于大学生在职业环境中建构的不确定性，大学生个体的职业生涯发展需要依托自身进行发展和管理。也就是说，大学生的求职过程是需要其根据自身情况完成建构的。根据该理论，个体构建自身的职业生涯发展应该包含以下内容：主观上的未来职业规划、心理应对等状态，依托有助于进行自我调整的社会支持心理资源，并通过特定应激反应或职业行为决策有效发挥作用，形成较好的职业发展或职业决策自信，最终实现个体与环境互动整合的相对适应行为。在这个过程中，职业发展或职业决策自信对大学生未来完成学业、顺利求职、职业适应有重要作用，可作为良好适应结果纳入该理论中。而未来时间洞察力、心理资本和领悟社会支持可能是适应结果的重要影响因素。因为根据该理论，未来时间洞察力具有人格特质，是个体实现社会适应的内部动力，有助于帮助个体形成对自我与外部世界相互适应的心理资源（人格资源），依托这种资源，个体还会通过职业决策自我效能感的提升以执行职业选择行为，进而达到这种适应的过程，这一过程也得到了需要研究的证实（Savickas，2013；Savickas & Porfili，2012）。再者，未来时间洞察力、心理资本和领悟社会支持都可作为个人和资源因素，预期共同对职业决策自我效能感产生影响，以此填补前人的研究。

（3）有利于丰富心理资本理论。心理资本的研究，主要集中在企业和营利性组织，对非营利性组织及其他领域的研究较少，对高校研究还可以在理论方面进行扩展。本书基于前人研究的心理资本测评工具，探索心理资本对大学生职业发展与职业决策的心理功能，为今后高校组织开展家庭经济困难大学生心理资本开发提供理论支持。

（4）揭示了职业决策自我效能感产生及发展的两个关系模型。本书探讨未来时间洞察力、心理资本、领悟社会支持和职业决策自我效能感之间的关系，提出了两个关系模型。前人研究较少从积极心理视角开展职业决策自我效能感研究，个别文献也只是关注到了未来时间洞察力对职业决策自我效能感的影响，但鲜有研究把心理资本这个中介变量包括进来。因此,本书提出的模型及研究结果丰富及拓展了同类模型研究,使得学术界对职业决策自我效能感的产生与发展了解得更加全面。

（5）关注积极心理对家庭经济困难大学生职业发展与职业决策的作用。本书引入心理资本因素,考察其在未来时间洞察力和职业决策自我效能感的中介作用。心理资本不仅能单独增强未来时间洞察力对职业决策自我效能感的影响,也能联合领悟社会支持对未来时间洞察力与职业决策自我效能感关系发生链式影响。因此,在高校家庭经济困难大学生职业就业教育及开展精准帮扶工作中,关注其积极心理的培养与教育是极其有必要的。

第二,实践意义。

（1）能够为政府教育主管部门针对家庭经济困难大学生就业政策与决策提供有价值的信息。相对于重点高校,一般院校家庭经济困难大学生的就业发展与职业决策发展更需要相关部门的重视。家庭经济困难大学生在职业规划、未来职业承诺与问题解决以及感受的家庭支持等都相对较低,因此教育主管部门须重视缓解不同高校之间的差距,加大对名校与非一流学科的扶持力度与速度,有效提升与解决家庭经济困难大学生职业发展与就业难的问题。

（2）可以为高校、家庭与家庭经济困难大学生个体提升职业决策自信提供理论指导。家庭经济困难大学生职业选择自信的培养是高校就业教育及心理帮扶的重要内容,而本书关于心理资本作用下的职业决策自我效能感研究提供了具体的作用机制路径模型,指明了提升家庭经济困难大学生职业决策自我效能感的积极未来感知、心理资本以及积极的领悟社会支持体验之间的具体作用机制,明确了培养与教育的方向与达成途径,使得高校、家庭与家庭经济困难大学生对如何更好提升职业决策自我信心能了然于胸。

（3）职业决策自我效能感的产生机制研究有助于高校教育管理人员就业指导观念的转变和服务意识的提高。传统的大量高校大学生就业指导研究基本上着眼于就业政策、服务提供方面,较少集中大学生主体的心理变化层面开展研究。职业决策自我效能感即大学生主体心理方面的研究为我们提供了一个新的视角,它提醒教育管理者,大学生的积极心理与积极体验的获得与其职业选择行为、职业发展行为密切相关,要想更好实现大学生就业教育的有效性,从根本性提升大学生就业结果与解决就业难问题,教育管理人员要注重大学生积极心理的培养,为大学生营造建立一个积极的外部支持体验氛围,促进积极心理的提升,增强就业自信。

第2章　文献综述

2.1　家庭经济困难大学生概念界定

家庭经济困难大学生，顾名思义，就是指家庭经济困难的高校大学生。国外将家庭经济困难、无力支付教育费用的大学生统称为“低收入大学生”（Low-income Undergraduates）。在我国，2020年以前，家庭经济困难大学生也称为贫困大学生，2020年，我国全面实现脱贫，贫困大学生更新了相应的认定标准，统称为家庭经济困难大学生。因此，以2020年左右的时间界限，尊重以往的研究使用的名称，本书中使用的“贫困大学生”与“家庭经济困难学生”主要是在不同历史时期的体现，其认定的标准随着时代的发展存在显著不同。家庭经济困难在不同的历史时期、不同的地区，人们对其现象存在理解的差异性，也就有不同的界定标准。为使家庭经济困难大学生的认定标准尽可能地客观，根据广西壮族自治区教育厅等8部门关于家庭经济困难学生认定实施办法，家庭经济困难学生的概念界定，是指本人及其家庭所能筹集到的资金难以支持其在学校期间的学习和生活基本费用的学生（桂教规范〔2019〕13号）。2020年，我国取得脱贫攻坚胜利，实现全面小康，现进入巩固拓展脱贫攻坚成果同乡村振兴有效衔接的历史阶段。根据这个阶段的历史特点，我国教育部对家庭经济困难学生有了新的类别划分，建立了经济困难学生数据库，将脱贫家庭学生、监测对象家庭学生（脱贫不稳定家庭学生、边缘易致贫家庭学生、突发严重困难家庭学生）、最低生活保障家庭学生、特困救助供养学生、孤儿（含事实无人抚养儿童）、烈士子女、家庭经济困难残疾学生、建档困难职工家庭学生及支出型收入低对象等学生信息全部纳入家庭经济困难学生数据库。这一家庭经济困难学生类别信息数据库的建立,具体落实到各高校时,各高校结合当地经济社会发展的实际情况对家庭经济困难大学生进行具体认定,划定确切的认定标准及贫困层次。

在进行科学研究时,不同学者对家庭经济困难大学生的界定大都是根据自己的理解进行。综合各研究者对家庭经济困难大学生的定义,大部分学者强调的是家庭经济困难大学生在上学期间,在经济上无法负担学校所规定的各项费用(尤其是缴纳学费方面),在经济上难以维持学校所在地正常的学习和生活费用的大学生(马晓春,2002;韩永清,2002;陶传谱,2003)。

在参考这些研究者对贫困大学生的定义界定上,本书结合广西教育厅相关文件的观点以及当下的时代特点,采纳的家庭经济困难大学生主要有以下几类:①特别困难学生,包括农村建档立卡贫困户家庭学生(含2016年及以后年度脱贫的建档立卡学生)、最低生活保障家庭学生、特困救助供养学生、孤儿学生、烈士子女、家庭经济困难残疾学生和残疾人子女等;②突发事件特殊困难学生,因家庭遭遇重大疾病、重大自然灾害和事故等突发事件,导致学生本人及其家庭所能筹集到的资金,难以支付其在校学习期间的学习和生活基本费用的学生;③比较困难的学生,主要是一般家庭经济困难学生,具体是依据学生家庭情况和本地区经济状况水平等实际情况而定。

2.2 未来时间洞察力

2.2.1 概念界定

人是生活在时间轴上的,有面向未来的本质需求。在心理学上,学者是如何研究"时间""未来"等对人的影响呢?Tolman(1932)是最早引入"未来"这一心理学概念,他认为个体是基于过去事件的连续性形成未来期望的,因此,要把期望、预期和时间概念综合起来。而Lewin在对儿童的生活空间研究中不再将生活局限于物理空间,而且引入了时间概念。这是最早的关于时间洞察力的探讨,他认为生活空间包括个体成长时间轴上的所有事件(过去的、现在的和未来的),这些发生在不同时间点的事件将影响个体,且事件所造成的后果将使得生活空间被划分为不同部分。这一划分是基于个体积极或消极的经验,生活空间具有了不同程度的分化。他的这一观念虽然还没有明确提出时间洞察力的概念,却使得时间洞察力概念初具雏形。

追溯时间洞察力这一概念,最早是出现在 Frank（1939）关于时间洞察力的文化哲学文章,他提到了个体对未来的设想,是主要的动机源。而动机是个体行为的重要因素,是个体计划和努力获得未来目标的倾向。

Lewin 采用了 Frank（1939）杜撰的这个词语——时间洞察力,并开展了后续研究。Lewin 认为时间洞察力是个体在某个时间点上对自己心理整个时间轴(包括未来和过去)所持有的全部观点,他的生活空间模型包括了过去和未来对当前的影响。学者 Joseph 也认可该观念,他认为从时间洞察力实际存在于行为功能的认知层次方面来说,过去和未来的事件影响着人们现在的行为,时间洞察力是控制行为的决定因素之一。Maslow 则认为时间洞察力对行为具有功能性,导向个体实现未来。Bandura 的自我效能感理论提出了以过去经验、当前评价和对未来选择的反省为基础的效能信念对行为监控的三重时间影响。Laura Carstensen（1999）和她的同事认为,时间领悟在社会目标的现状和追求中起着主导作用,对情绪、认知和动机也有特别的意义。E.Alison Holman（1998）等认为时间洞察力形成了普遍的认知反应倾向,他们过滤、解释个人经验的意义。Zimbardo（1994）认为时间洞察力将当前的经验和意识流向过去、现在和未来,这种认知偏向会对思维、感情和行为施加强有力的影响。从国外学者对时间洞察力概念的研究,我们目前发现,时间洞察力是关于个体对自己心理未来和过去的观点总和,这个观点总和建构了个体的生活空间,对当前的行为发生影响,这些影响体现在思维、感情和行为等方面。

国内的学者也开展了时间洞察力的研究,但比较少。学者黄希庭（1994,1998）用模糊统计方法对未来和过去的心理结构做过探讨,并提出一个心理结构模型,未来的心理时间分为三个时间段,即以秒和分为计时单位的“较近的未来”,以小时、日和月为计时单位的“近的未来”,以及以年为计时单位的“远的未来”。另外自我统一性状态与时间透视体验结构具有意义，个体在不同的自我统一性状态下对过去、现在、预期未来和理想未来的时间体验具有积极和消极之分。

随着时间洞察力研究的探讨与发展，也由于时间洞察力概念结构的复杂性和研究手段的局限，再者研究者们研究角度的不同，时间洞察力的大量研究一时造成了这一概念的不清晰。从研究者们当前的研究看，他们所提到的“时间洞察力”往往包括三个部分。

一是严格意义上的时间洞察力，涉及个体对心理时间（包括过去、现在和未来）本质特征的描述，如心理时间的广度、密度、结构化程度等。

二是认知构想。时间洞察力不仅包含了个体对于未来整体时间思想认知、对同社会关系的认知，也包含了个体此时此刻对于未来可能发生性时间的主观评价，构成了认知构想。个体对未来的认知构想态度会影响其当前的行为和态度，并将未来进行人格化，自身不同的个人特征会反映到个体关于未来时间内容、顺序和性质等的认知当中，内化为人格的一部分，成为稳定的结构。

三是时间态度。是指个体对过去、现在和未来积极、消极或中性的态度。积极的态度认为时间是连续的，整合的，强调创造或目标实现的可能性。消极的态度认为时间是不连续的，有限的，带有不连续感。回避未来，认为过去的内疚或问题之源。Zimbardo 使用问卷测量法发现时间洞察力的五个维度，即过去消极因素，反映了对过去否定、厌恶的态度；现在享乐因素，反映了享乐主义的、寻求冒险的、不顾一切的生活态度；未来因素，反映了一般的未来定向；过去积极因素，反映了对过去的怀念、向往；现在宿命因素，反映了对未来和生活无助、无望的宿命主义态度。

四是功能性。Frank 认为未来时间洞察力是此时此刻的个体对指向未来的事件进行安排和执行的能力，这一观点强调了未来时间洞察力的功能性，认为这种能力虽然存在于当前，但主要是为未来服务的。Gjesme（1983）也认可功能性的说法，认为未来时间洞察力是一种估计未来、阐述和建构未来的能力。

五是时间定向。主要是主体定向于过去、现在和未来的物体或事件方面表现出的行为和思想偏好的方向。关于时间定向，可以假设年轻人主要是未来定向，老年人主要是过去定向。

随着时间洞察力被引入更多研究领域之后，该概念被应用于不同的情境和主题，进一步丰富其内涵定义。时间洞察力概念的理解变得更加清晰。Lenning 认为,时间洞察力涉及预期未来事件和思考过去事件,因此时间洞察力则包含了未来时间洞察力和过去时间洞察力两个方面。Agarwal(1993)的研究指出,时间洞察力的概念包括对过去、现在和未来中的心理表征。黄希庭认为,时间洞察力是个体对于时间的认知、体验和行为(或行动倾向)的一种人格特质。因此,时间洞察力不是一个单维度量,包括了认知和动机两个方面,具有人格特质特征。

笔者研究中,主要探讨未来时间洞察力。通过对时间洞察力概念的梳理,未来时间洞察力(future time perspective)是时间洞察力的一部分。

最早尝试对未来时间洞察力概念进行阐述探讨的学者是 Wallce(1956),他拓展了 Lewin "心理距离" 的概念,认为是个体关于未来的图景如果对他现在的行为和态度,或更精确地说对他的生活空间产生影响,则必须具有个人的意义,因此也提出未来时间洞察力是对个体化未来事件的时间选择和顺序排列。Wallace(1956)认为未来时间洞察力的差异表现为"个体对个人未来事件构想的未来时间范围的长度"。

此后丰富的研究,深化了未来时间洞察力概念的定义。

Trommsdorff(1983)认为,未来时间洞察力作为一种认知图式,是根据时间顺序和因果关系对未来事件的建构。这种预期认知图式在伸展广度、区分性、精确度、一致性和现实性上存在或多或少的差异。

Gjexme(1983)认为未来时间洞察力是对未来预期、阐明和建构的一般心理能力。

Lewin(1984), Nuttin(1984), Nurmi(1989)等认为,未来时间洞察力是由"近的或远的未来可能事件的计划、期望、渴望和害怕构成的。这些期望属于不同的主题内容或生活领域"(Seginer,1988)。Nuttin(1984)进一步提出心理未来本质上与动机有关,未来是个体主要的动机空间。

Thea, T.d.P(2000)的研究中,未来时间洞察力被解释为"态度"概念的变式,具有三重要素,分别是情感、认知和行为意向,认为未来时间洞察力是人们对自己所思考的未来事物的态度。在他的概念定义中,涉及未来时间洞察力的认知和态度两方面,其中认知(知识)指与未来有关的思想或期望,或社会关系知识,态度(评价)是指对未来特定事物的乐观或悲观的态度,也指对特定客体积极或消极的评价。

Seginer(2003)认为未来时间洞察力是个体有关自己未来的意象。

就像自传一样，未来时间洞察力详细地描述了个人主观的生活历程，它由那些个体认为重要的生活领域组成，赋予了个体生活的意义。

国内学者也开展了对未来时间洞察力的研究，尝试对其定义概念做出更精准更清晰的定义，陈永进、黄希庭（2005）的研究指出，未来时间洞察力是指个体在单位时间内对未来时间的长度、密度及清晰度的预期；宋其争（2004）对未来时间洞察力开展理论探讨和实证研究，提出未来时间洞察力是个体有关未来的认知、体验和行为情绪，具有适应性和功能性；吕厚超（2014）在前人的研究基础上，将未来时间洞察力定义为个体对未来的认知、情感体验和行动倾向上表现出来的相对稳定的人格特质。

综上，我们获得比较统一的认识，未来时间洞察力是关于未来的感知和未来意识，涉及个体认知、态度、人格，具有适应性和功能性。基于笔者的研究角度，开展未来时间洞察力研究以发现对家庭经济困难大学生的心理适应、功能培养。因此，本书采用宋其争的研究观点，认为未来时间洞察力是指个体包含未来倾向的人格特点，是个体对未来自我发展和社会发展，主要是对未来自我发展可能性的认知、情感和行为倾向，是时间洞察力的一部分。

未来时间洞察力作为主体有关未来的认知、体验和行为倾向，是在特定社会文化背景和某时间段中形成，通过开展未来时间洞察力的研究，以帮助个体适应社会和发展自我的认为，帮助个体根据预期评价未来，确定目标，制定计划，并付诸行动，以改变或适应所处的社会文件环境和当前时间段的任务发展。未来时间洞察力的形成对个体未来自我的发展有重要意义，为个体提供了塑造自己命运的机会，并赋予个体生活以意义。

2.2.2 未来时间洞察力的相关理论

2.2.2.1 社会情感选择理论

社会情感选择理论认为，个体在未来是封闭或者是开放的自我自觉的基础上，进行未来生活目标的选择，他们选择的目标与其时间展望是相互协调的，是具有适应性的。当自我知觉的时间是广阔的，人们会优先选择优化未来的目标。这个目标通常是属于知识的获得或者是寻求在更远的未来可能有用的关系，包括发现与自己的社会角色有关的目标、与工作或职业兴趣有关的目标。相反,当自我知觉的时间有限时,个体情感上有意义的目标变得相对更重要了,这个情感意义目标与短期利益的获得是相联系的。

依据社会情感选择理论,人们目标选择的年龄差异与个体的时间自觉有关。用想象法检验其目标选择,假设让年轻人想象自己的时间有限,或者是年老者想象自己的时间无限,他们目标选择的年龄差异消失了;而且,当他们想象的未来时间有限时,年轻人表现得更偏好于熟悉的社会伙伴。然而,假设让他们想象的时间结构扩展时,年老者这种目标选择倾向消失了。从这个意义上说,当人们优先选了情感意义的目标,不论其年龄是年轻还是年老,都体现了其自我知觉的时间有限性,也就是可能都接接近了他们生命的终结。

个体的目标是与自我时间知觉联系在一起的,未来时间知觉在个体的社会目标选择中起着基础性作用。当未来时间知觉广阔时,个体会更重视更关注远期的未来目标,并对当前有助于实现目标的活动表现出要付出更大努力的意愿(Carstensen,2006)。因此根据社会情感选择理论,高未来时间洞察力的个体,会更多考虑未来,关注远期目标,关注当下对未来目标的计划与实施,主动收取更多利于目标实现的信息,做出职业决策,并会更愿意付出努力。

2.2.2.2 人类发展的生态学理论

Bronfenbrenner(1979)提出的人类发展生态学模型包括四个共心亚系统:微观系统、中介系统、外系统和宏观系统,另外还包括一个内在的时间系统(如,发展概念内在的时间维度)。其中,微观环境主要是指“发展的个体在具有某种物理或物质特征的特定环境所经验的行为、角色和人际关系模式”。具体是家庭、课堂、同伴团伙、儿童和青年的聚会场所、教堂、俱乐部以及社区等,构成了微观环境。微观环境为个体提供了社会资源(Coleman,1990),这些社会环境对置身其中的个体的某些行为发生促进作用,会增加其某些目标实现的可能性。而缺失了这些社会环境,那么个体则没有实现这些目标的可能性。中介系统主要是家庭、学校、同伴群体之间的关系,或者是微观系统中任意两个要素的组合,在微观系统之间发生联结作用。由于中介系统是由各种关系所组成,担负着促进发展功能的作用机制,因此,中介系统也为个体的发展提供了社会资源。外系统是微观系统的一个或更多成员,如父母构成儿童的微观系统,而父母的工作场所是父母的微观系统不是儿童的微观系统,但可以组成儿童的外系统。因此这个外系统也就是个体微观系统中其一个或更多成员的微观系统的总和,它也为成员的发展提供了一定的社会资源,促进个体发展,只是这种促进与影响是间接的,是由他人中介着的。宏观系统则是涉及社会和文化的一致性,如价值、习俗规范,是作为微观系统和中介系统的蓝本起作用。因此,微观系统和外系统是社会环境,中介系统是环境之间的关系,宏观系统是一组抽象的规则,是源自控制其他系统的价值和意识形态。最后,时间系统涉及个体积累的在与他们有关的环境中发生的过程和事件的经验,以及所研究的发展产生的历史时期。研究微观系统之间相关领域的作用,研究宏观系统和外系统对个体的间接影响,个体在微观系统中是如何构建未来的。

2.2.2.3 可能自我理论

Wylie(1979)指出,传统上,自我概念是来自个体过去经验的自我表征或者自我知识的集合。这种观点关注自我概念是自我表征的评价方面,一定程度上,自我概念结构等同于自尊(Harter,1985)。而随着自我概念的发展,自我的静止观逐步被动态的、多维的概念所取代。Markus 和 Nurius(1986)提出,自我概念不仅来自过去经验,也是动态的未来定向的。自我的未来定向要素,称为可能自我,关注未来的目标和愿望,在自我概念和行为之间起着联系的作用。因此,可能自我被描述为,对持续的目标、渴望、动机、害怕和威胁的认知表征,可能自我是自我概念和动机之间的本质联系。可能自我概念代表着"我想成为什么"和"我害怕成为什么"。希望自我,包括个体的希望、梦想和渴望,包括对渴望的目的状态的意像和想象。希望自我是领域特定的,对个体行为发展是至关重要的,容纳了个体抽象目标,包含了实现目标的蓝本与策略等,以及与之相关的情感。希望自我到个体组织行为的转变,就在于其形成的陈述性知识和程序性知识,起着激励组织行为的作用。害怕自我是给他试图避免的或不想成为的可能自我。害怕自我一般地会推动个体避免可能的未来自我。相较于希望自我,害怕自我对组织行为起着消除作用,降低行为组织性,避免行为的发生。根据可能自我理论,希望自我和害怕自我之间的平衡会产生与增强个体动机,并控制着行为。

可能自我对理解未来时间洞察力影响或推动行为的机制提供了三

种理论结构。一是可能自我提供了个体解释其行为意义的背景，个体以希望自我和害怕自我来判断或评价当前行为或信息的标准；二是可能自我提供了手段目的行为的刺激，为实现希望与梦想，并避免害怕的事件，个体的可能自我中的自我平衡发生着推动行为的作用；三是可能自我的程序性知识以个人有意义的方式控制和指导行为。因此，在促进意义行为、行为刺激以及控制中，可能自我起着动态地组织和推动行为的作用。

2.2.3 未来时间洞察力的测量

时间洞察力的基本测量方法有动机诱导法、创造性表达法和问卷法。

其中，动机诱导首先被 Nuttin 和 Lens（1985）采用，主要运用两种投射性量表获取确定个体时间洞察力动机目标的代表性取样，然后用内容分析法分析被试完成的成熟，以确定被试时间洞察力动机目标的性质。动机诱导方法比投射测量具有更多的客观性，可以更客观和更科学的方式测量主体时间洞察力的总和广度，但对动机目标进行时间定位是相当复杂的事情，因此该方法难以实施。

采用创造性表达法测量时间洞察力，也被称作是隐喻法。主要是采用圆环测验、直线测验和讲故事技术，让被试进行时间段间关系意义的表达，研究者对其完成故事进行分析，来评估被试的时间洞察力。大多数的创造性表达技术具有投射性质，因此一定意义上也是一种投射基础，能提供有关被试动机和情感方面的简介信息，但也同意具有投射法的局限性，在信效度方面存在有较大争议，因此也难以广泛使用。

当前已有的研究中，问卷法测量是被广泛使用的。国内外时间洞察力量表比较广泛使用的是 Zimbardo 和 Boyd（1999）编制的量表——时间洞察力量表（ZTPI），其考察了五个维度的时间洞察力，即过去消极因素、现在享乐因素、未来因素、过去积极因素和现在宿命因素。

未来时间洞察力是时间洞察力的一部分，研究者们在其基础上开展了相关的测量工具探讨。早前的学者也用投射测验等测量方法对未来时间洞察力进行测量，但由于方法的局限性，没有得到广泛使用。而更多采用的测量方式还是问卷测量法。国外的研究，主要是 Zimbardo 和 Boyd 的 ZTPI 量表中的分量表——未来时间洞察力这一测量工具，该量表得到实证研究与验证，具有良好的效度，且只有单一维度，一共包含13个题项，被试的接受程度高。另一个常见的未来时间洞察力量表是Husman和Shell（2008）编制的，该量表包含了时间的广度、速度、效价和关联性四个指标，信效度较好。Carelli等人（2011）则在ZTPI量表五个时间洞察力基础上，对未来时间洞察力进行修订编制，进一步划分为消极未来、积极未来。

国内的研究者对未来时间洞察力测量工具也开展了相关探索。宋其争（2004）开展的未来时间洞察力理论和实证研究中，提出未来时间洞察力包括一般未来时间洞察力和领域特定的未来时间洞察力，采用因素分析法获得大学生一般未来时间洞察力的因子构成，共包含5个因子，分别是行为承诺、未来效能、远目标定向、未来目的意识和未来意象；领域特定的未来时间洞察力由三个因子构成，分别是目标（未来广度）、计划和评价。其中一般未来时间洞察力量表共20个项目。两个量表具有良好的信效度，也是当前国内未来时间洞察力研究中应用较多的量表。陈永进（2005）结合内隐时间和目标设置理论，提出未来时间洞察力是一个三维结构概念，该结构包含了个体无意识的表征，共包含计划组织未来目标、预期解释和构造未来三个因子。吕厚超（2014）编制了《青少年未来时间洞察力量表》，共28个题项，包含未来消极、未来积极、未来迷茫、未来坚持、未来清晰和未来计划等6个维度，具有良好信效度，也常用于青少年未来时间洞察力测量中。

从未来时间洞察力的测量工具研究中，当前使用较多的工具还是量表问卷法。对其测量内容主要体现在了未来时间洞察力的认知结构和人格特质上。国内相关领域研究中，研究者较多支持未来时间洞察力的人格特质理论，宋其争所编制的未来时间洞察力是当前国内研究者比较广泛采用的一个自陈述测量量表。本书基于对未来时间洞察力的定义角度，选用宋其争编制的量表。

2.2.4 未来时间洞察力的相关研究

未来时间洞察力在人口变量学因素上的差异研究。研究者们考察了未来时间洞察力与个体性别、年龄等人口因素的差异性。Kastenbaum（1963）开展老年人与青年人未来时间洞察力的比较研究，发现青年人比老年人所洞察范围更远。考察性别与未来时间洞察力的差异研究，研究者报告了男性比女性更加关注较远时间外的事件与计划，在其内容上也表现出显著差异。从未来时间洞察力与年龄的关系研究结果看，未来时间洞察力在一定程度上是变化的，其变化范围跟年龄有关。

未来时间洞察力的相关因素和影响因素的研究。研究发现，未来时间洞察力与适应性行为、人格存在高度相关，其中与学习倦怠显著负相关（宋文广，鲍万杰，何文广，2013），与学习适应显著正相关（李董平，张卫，李霓霓，麦玉娇，& 余苗梓，2008）。与动机的相关研究中，发现未来时间洞察力与动机显著相关，其中与预防性动机（成绩目标定向、外部动机等）呈显著负相关，与促进性动机（自我效能、内部归因）存在显著正相关（周方，2015）。在其他方面，师生关系等社会关系、归因风格、人格、自我同一性与未来时间洞察力有关；与主动性人格、自我效能感呈现出显著的相关（戴蒂，2014）。

未来时间洞察力在不同心理领域表现出了相关性及影响作用，那么其心理结构是如何作用的。研究者们进一步开展了关于未来时间洞察力作为心理结构对于个体其他心理变量、行为表现的影响作用。也就是，把未来时间洞察力作为自变量，考察其对其他因素的影响。在个体心理变量的影响上，Mishcel 研究发现关注的未来更远的个体对于将来目标的评估结果更高；Lenning C.J. 发现未来时间洞察力与职业态度有显著的预测作用；陈红曼以高职生作为研究对象，发现了未来时间洞察力对同伴依恋有显著的预测作用；以大学生为研究对象，发现未来时间洞察力能够显著预测情节式未来思考的效价水平和清晰度水平（刘双妹，2018）；大学生群体未来时间洞察力通过自尊、自我取向成就动机和社会取向成就动机的中介作用对唤起性拖延行为、回避性拖延行为发生影响（范文淑，2017）；未来迷茫、未来坚持、未来计划可通过坚韧性特质的完全中介作用对学业成绩发生影响（蒋虹，吕厚超，2017）。未来时间洞察力也作为中介因素调节其他心理变量。大学生特质性拖延通过未来时间洞察力的部分中介作用对跨期选择发生影响，未来时间洞察力对特质性拖延和跨期选择之间的关系具有调节作用（倪亚琨，郭腾飞，王明辉，2018）。

2.3 心理资本

2.3.1 概念界定

早在 1997 年,由 Raymond W. Goldsmith 提出“心理资本(Psychokogical Capital)”概念,认为心理资本是指那些能影响个体生产效率的心理特征。随着积极心理学和积极组织心理的出现与发展,研究者们对积极心理研究不断深入,心理资本研究得到了进一步发展。2002 年,马丁 · 赛雷格曼(Martin E.P.Seligman)在他的著作《真实的幸福》中,正式提出了“心理资本”概念,认为心理资本是包括含能引起个体积极行为的心理因素。Luthans 对心理资本概念进行了深入研究,从聚焦于个人的心理状态,到关注个体的心理核心要素,最后又回归到关注个体心理状态角度,来定义心理资本概念。从 2005 年,他明确提出了心理资本的概念,认为心理资本是指个体普遍具有的积极的核心心理因素,它超出人力资本和社会资本,可以促使个体获得持续的竞争优势。2007 年,再度修订心理资本内涵,指出心理资本是一种积极的心理状态。Luthans 对心理资本的观点是当今比较认可的观点。在此,为深入了解心理资本的概念内涵,本书根据不同研究者的不同研究角度给出的定义进行梳理,这些定义主要分为三类。

第一是特质论。研究者从特质论角度研究心理资本,认为心理资本是一种稳定的内在特质,不受环境影响。Hosen (2003)提出心理资本是个体通过学习后获得的一种相对稳定的内在心理特征,它包括了个体的个性品质、认知能力、自我监控和情绪交流等。Letcher 等(2004)认为心理资本内涵与“大五人格”基本等同,认为心理资本是个体行为重要的影响因素,心理资本就是人格特质。

第二是状态论。从状态论角度研究心理资本的研究者们,认为心理资本类似于一种心理状态,这种状态是可以进行开发与测量的,并且是可以投资和有效管理的。Luthans (2002)对心理资本的定义是,心理资本是一种心理状态,能够导致个体的积极组织行为。Avolio 等(2004)认为心理资本与个体的工作绩效和心理状态有关,是个体的积极心理状态的综合。而在 2007 年，Luthans 和 Avolio 对心理资本概念再度修订，认为心理资本是个体在不断变化发展情境中所能保持的一种相对稳定的积极的心理状态，这种相对稳定的心理状态可以预测个体的未来发展，它包含了四个维度内容，一是自我效能，即个体对自己能够利用自身技能来完成某项工作的自信心程度；二是乐观，它主要是一种解释风格，即对事物从积极方面进行解释，如对积极事件是由于个体内在的、一般性的、稳定性的因素导致，对消极事件解释为外在的、不稳定的特殊因素导致；三是希望，它是指个体选择具有一定挑战性但有希望实现的目标，通过努力和自我激励，完成目标，获得成功；四是坚韧性，它是指当个体遇到逆境、失败、冲突等消极事件时候，个体能够正确面对，有效适应，并且能够很快调整自我恢复到原来的状态。Walumbwa 等（2011）提出，心理资本是一种开放和发展的心理状态，它具有多变性和短暂性，同时也具有稳定性。

第三是整合论。从整合论研究心理资本的研究者，把特质论和状态论两者的观点进行整合，认为心理资本不仅仅是简单的人格特征或者是心理状态，而且是既具有人格特质的相对持久性和稳定性，也具有状态性。Avolio 等人（2006）提出"类状态"理论，认为心理资本既具有稳定性因素，也可以根据环境变化而发生改变；Newman 等（2014）认为，心理资本是可以通过培训干预进行开发的，并且进一步验证了心理资本是一种发展状态。

随着国外对心理资本研究的日渐丰富和成熟，国内的心理资本研究也得到了关注与发展。将心理资本概念引入中国的研究者叶红春（2004），认为心理资本包括信心、希望、乐观和恢复力；柯江林等（2009）提出心理资本是一种符合积极组织行为学（POB）标准的类状态和积极心理能力；肖雯和李林英（2010）以大学生为对象开展心理资本研究，认为大学生心理资本是指大学生在其人生发展特定阶段中所获得的积极能力的总和，这些积极能力能够有效测量，并能够得到开发和培训，以帮助大学生获得积极心理资本，促进大学生获得自我肯定和成就；吴伟炯等（2012）认为心理资本是一种综合的积极心理素质，是一种可以通过特定方式干预开发而获得的心理能力。

通过梳理过往国内外研究者对心理资本的概念定义，我们发现，研究角度不同，对心理资本的解释不同。但从这些研究中，我们可以发现，研究者们都倾向于强调心理资本是一种积极的心理状态，这种心理状态对个体的发展具有重要作用,并且可以有效测量与开发。本书研究也采纳该观点。

2.3.2 心理资本的相关理论

心理资本相关理论较权威的研究是 Luthans 的观点,在其 2006 年出版的《心理资本: 打造人的竞争优势》一书进行了较全面的论述。2008 年,由我国李超平学者进行了翻译。过去占主流的传统的心理研究以及有关工作场所的问题研究,学者们大部分将研究视角投在了消极问题方面。基于积极心理运动背景下,积极心理学的理论视角拓宽到工作领域,人们不再仅仅关注“人出现了什么问题”,而是开始关注考虑如何让人达到最佳状态,如何培养及充分发挥人的优势与潜能并为其寻找路径。各类组织及组织行为学研究者开始倾向于关注组织中的人力资源问题,不仅是对出现了什么问题以及如何扭转解决这些问题,更是如何在当前的没有问题的状态能更好地发挥人力资源的优势和潜能。随着社会经济的发展,人们对管理的有效性需求也日益提高,对组织有效管理的研究范式的转移,即从消极问题的关注到积极资源的开发,学者有了较一致的取向。在这种新的研究范式下,为了通过“人”获得可持续的竞争优势,那么组织考验投资开发组织人员的“心理资本”(Psychological Capital,简称 PsyCap)。心理资本被认为是个体在成长和发展过程中表现出来的一种积极心理状态,具体表现在四个方面,分别是(1)自我效能: 面对充满挑战性的工作时,个体有信心并能付出必要的努力来获得成功;(2)乐观: 对自己现在与未来的成功有积极的归因;(3)希望: 不管是否身处逆境时,对目标能锲而不舍,能为取得成功在必要时调整实现目标的路径;(4)韧性: 身处逆境或面临问题困扰时,个体能够持之以恒,迅速复原并超越,以取得成功。

心理资本由这四个方面建构概念,组成一个高阶积极构念。Lauthans 认为,拥有心理资本的个人,拥有更好的心理资源与心理优势,更能承受挑战与变革,更容易成为成功的员工、管理者和创业者,帮忙个体从逆境走向顺境,取得更好的成就。拥有心理资本的个体,自信、乐观、坚韧,勇于创新,也敢于创新,能够更好更优地面对处境,最大限度利用和发挥好自己的优势与潜能,取得更好的绩效。心理资本可以带来决定性的竞争优势,是可以测量与开发的。心理资本是区别于人力资本、社会资本的一种心理资源，更关注个人的心理状态，描述了个体对未来的信心与希望，它属于一种状态，超越于人力资本和社会资本的核心心理要素。心理资本是随着积极心理学运动产生的一个研究范式，关注人的积极方面和优点，体现个体的乐观与毅力，关注个人或组织在面对逆境时的自我管理能力。心理资本通过投资与开发，使个体获得“你是谁”“你有什么优势”来获取更好的效能和竞争优势。对于个人来讲，心理资本的内容与开发主要是促进个人成长和绩效方面的心理资源；对于组织来讲，心理资本主要是以改善员工绩效来促进组织目标的实现和提升组织竞争优势。因此，心理资本是一种积极的心理资源，可以进行有效测量和管理，通过投资与开发，提升改善绩效，形成竞争优势。

2.3.3 心理资本的测量

国外的心理资本测量中，Luthans 等人开展系列研究，2005 年论证了心理资本主要维度结构，开发编制了《心理资本问卷》(Psychological Capital Questionare, PCQ)；2006 年，以调查问卷方式研发编制《积极心理状态量表》，包括希望、乐观、复原力三个维度；2007 年，编制《心理资本问卷(Psychological Capital Questionare-24)》，该问卷共 24 个题项，包含四个维度，分别是自我效能感、乐观、希望和坚韧性，采用 5 点计分方法。

国内学者在借鉴国外相关研究成果及经验的基础上，开展翻译编制及本土化研究，开发了不同的心理资本测量问卷，其中以张阔、叶一舵等人编制的问卷，在相关研究中使用率较高，较受关注与认可。

张阔等人(2010)在参考前人研究和相关资料的基础上，以在校大学生为研究对象，编制了《大学生心理资本问卷(PPQ)》。该问卷一共有 26 个题项，包括自我效能、坚韧性、乐观和希望等 4 个维度，采用 7 点计分方法，信效度表现良好，可以用于测量大学生心理资本状况。

叶一舵和方必基(2015)以开放问卷、访谈法和专家分析，以青少年学生(中学生和大学)为测试对象，编制了《青少年学生心理资本问卷》。该问卷包含乐观、希望、自信和韧性四个维度，一共有 22 个题项。该问卷在青少年群体中进行正式施测，其信度效度经验良好，其指标均达到心理测量统计学标准。该问卷可以作为用于青少年学生心理资本的测量评估工具。

柯林江等人（2009）对心理资本测量工具进行了本土化研究，开发编制了《本土心理资本量表》，共有63个题项。通过与国外的量表工具进行比较，该量表发现本土心理资本构念具有二阶双因素结构，共分为事务型心理资本和人际型心理资本。其中，事务型心理资本包含乐观希望、自信勇敢、坚韧顽强和奋发进取等四个维度，人际型心理资本包括宽恕、谦虚沉稳、感恩奉献和尊敬礼让等四个维度。以此，我们发现，事务型心理资本与国外心理资本测量工具较相似，而人际型心理资本则比较具有中国本土文化的特点。

其他学者也在这些基础上开始心理资本问卷测量工具的探索。肖雯和李林英（2010）编制了《大学生心理资本问卷》，该问卷是以大学生为被试对象，一共有29个题项，包含了自我效能、乐观、兴趣、韧性和感恩等五个维度；蒋苏芹（2011）编制的《大学生心理资本问卷》共有71个题项，包含自尊希望、成就动机、责任意识、乐观幸福、自我效能、坚韧自强、情绪智力、创新能力和包容宽恕等九个维度，采用5点计分方法；周丽霞等人（2012）编制的《大学生心理资本问卷》包含自信、愿景、韧性、合作、感恩和乐观等六个维度，一共有70个题项，其中有3个题项为测谎题。凌晨等（2013）编制的《大学生积极心理资本问卷》共有16个题项，包括自信、希望、乐观和坚韧性等四个维度；吴昊等人（2016）编制的《大学生心理资本问卷》共22题项。该问卷是在参考Luthans开发的PCQ基础上进行修订，保留了乐观、希望、自我效能、坚韧性四个基本维度，增加了宽恕、亲社会两个维度，即该问卷一共包括六个维度。

通过对以往心理资本测量工具的梳理，心理资本测量问卷的四个维度（自我效能、坚韧性、希望和乐观）是比较受到认可的，也比较多采用。在四个维度的问卷中，张阔等人编制的《积极心理资本问卷》题项数量比较适宜，具有良好的信度和效度，也比较多应用于当前的研究。因此，本书采用张阔等人编制的《积极心理资本问卷》。

2.3.4 相关研究

2.3.4.1 人口变量学因素对心理资本的影响研究

罗增让（2019）对大学生心理资本进行调查，发现男生在心理资本的自我效能感维度水平上显著高于女生，但在其他维度水平上没有显著差异；梁永锋等（2016）的研究发现大学生心理资本水平较高，男女生在希望、乐观两个维度上存在显著差异，女生显著高于男生；仉朝晖（2017）的研究则发现男生心理资本在总分上显著高于女生，男生在自我效能、韧性维度上显著高于女生，大学生整体心理资本水平较高。这些研究显示，大学生心理资本水平总体上较好，但在性别上存在显著差异，也就是说，存在性别影响心理资本形成的可能。

学校因素方面，由于大学生心理资本是大学生在大学这个特定阶段而形成的积极心理内容，与在校期间的一些因素，比如是否加入社团、是否担任学生干部、所处年级、学科等，会对大学生心理资本产生影响。黄紫薇等（2020）的研究发现，加入过社团或者担任过学生干部的大学生的心理资本以及各个维度的水平显著高于没有参加过社团或者担任过学生干部的大学生；这一研究结果与郑一鸣等（2018）的研究结论是一致的，认为担任过学生干部的大学生的心理资本更高。詹启生等（2019）研究发现心理资本的韧性、希望两个维度在年级上存在显著差异；龚慧（2018）的研究结果显示，大一学生心理资本在希望维度上显著高于其他年级学生。在学生学科方面，龚慧（2018）的研究限制，工科大学生心理资本显著高于文科大学生，而文科和理科、理科和工科两两之间不存在显著差异。

在家庭因素方面，是否独生子女、家庭收入等也会对心理资本造成影响。罗增让（2019）的研究显示独生子女心理资本在希望维度上显著高于非独生子女；詹启生（2019）发现独生子女在心理资本总分以及自我效能维度上的得分显著高于非独生子女；仉朝晖（2017）的研究是独生子女在自我效能感维度上显著高于非独生子女。家庭收入因素的影响研究方面，鞠雷（2016）发现家庭收入水平越高，大学生心理资本越高。从独生子女、家庭收入两个因素的研究结果看，收入水平高的家庭的独生子女的心理资本状况表现更好，有可能是家庭可以有更多的物质投入、时间投入和身心教育的投入，使得孩子有更多的机会扩展知识，获得更多支持，因此，更乐观与自信，更具有效能感与韧性，孩子的心理资本会更好。

综上所述，大学生心理资本状况在不同的人口学变量上是存在显著差异的，这些变量在今后的研究中值得我们进一步关注，比如是否是独生子女、家庭情况、在校期间的表现（是否担任学生干部、年级、学科等）。在这些人口学变量因素的研究上，当前的研究结果有一致的地方也有不一致的地方。如家庭因素，家庭经济条件较好的大学生其心理资本更高，这一结论较一致；在性别差异上，有的研究显示男生心理资本更好，有的显示女生心理资本更好。那么，针对这些研究结果，我们后续可以继续丰富大学生心理资本的影响研究，如这些人口变量学因素是如何对心理资本发生作用的，还有哪些人口变量学因素导致大学生心理资本的差异。

2.3.4.2 心理资本作为变量研究的现状

国外将心理资本作为变量研究，Babalola（2009）等学者认为，心理资本状态会受到教育程度影响，个体受教育程度越高，其产生的乐观状态的水平越高；Newman（2014）等学者认为心理资本作为变量，会对安全氛围和企业家的成长意图等方面产生影响。

国内研究者也对心理资本开展了不同领域的研究，有在心理健康方面的、学习心理的，也有对心理资本开发和干预方面的研究。

心理资本在心理健康领域方面的研究。众多研究者从心理资本与心理健康关系开展研究，发现大学生心理资本和心理健康是呈现显著正相关关系（潘清泉、周宗奎，2009；李东阳，2012；Guoliang Yang，2021）。宋英杰（2020）以大学生为研究对象，研究发现心理资本是自杀意念的重要影响因素，大学生心理资本水平的提升可以显著降低他们的自杀意念。在主观幸福感上，赵建华（2019）的研究发现大学生心理资本和主观幸福感之间存在显著正相关，也就是说，大学生心理资本水平越高，其主观幸福感就越强。而大学生的心理资本也能在大学生自我同一性、抑郁与人际压力之间呈现显著负相关关系，并表现出负向调节效应，与大学生主观幸福感则是呈现显著正相关关系（林井萍，2018）。

心理资本在学习心理方面的研究。付立菲、张阔（2010）从希望和韧性两个维度进行研究探索，表明积极心理资本关系着学习倦怠的去个性化、情绪衰竭和低个人成就感。

刘罗等（2020）的研究以地方本科院校大学生为对象，进行问卷调查，结果发现心理资本可以显著负向预测学习倦怠；何友天（2017）则是考查了大学生积极心理资本和课堂疏离感之间的关系，发现大学生积极心理资本和课堂疏离感之间呈现显著负相关。

心理资本的干预研究。励骅（2010）从自我效能感、乐观、希望、韧性四个维度对大学生的就业心理辅导进行了相关探索，认为可以从这样几个方面提高大学生的心理资本：增强学生关于就业择业的认知，明确就业及工作相关的职业生涯规划，增强大学生求职就业的心理素质，提高学生的心理承受能力，从而让大学生在就业竞争市场上获得优势。

从这些研究结果可以发现，心理资本作为变量与其他心理变量存在十分紧密的关系，开展心理资本与其他心理变量的关系研究及其影响机制，进一步开发提高个体心理资本，对个体的心理发展有着十分重要的作用。

2.4　领悟社会支持

2.4.1 概念界定

社会支持（Social Supoort）是日常生活中比较常见的现象，在精神病学、社会学、心理学、医学等领域都有着相关研究。在心理学领域，学者们主要是基于生活压力对身心健康影响的背景下开展社会支持研究。社会支持领域理论比较著名的是 Cobb（1976）的观点，他认为社会支持是个体社会关系的表现，比较强调个体的感受，也就是说个体所感知到的那些相信自己被关心、被爱、有自尊、有自信、有价值的信息，或者是导致个体相信自己属于某一个相互承担责任的社交网络的信息。Turner（1983）的研究观点也偏向这种解释，认为社会支持是来自个体的感受，通常指处于低谷期的个体，对重要关系人（如家人、亲戚、朋友、同学、老师等）给予支持的感知，获得被爱与被尊重等的信息，这种支持信息感知包括事实、情感和信息三方面。其中，事实支持是指重要关系人提供的行为或物质支持，情感支持是指重要关系人对其表现出来的尊重、关爱、喜爱等支持，信息支持是指重要关系人产生的思想层面的交流支持。社会支持被认为是身心健康的决定性因素，社会支持感受度高的个人更有可能表现出较强的自信心和较高的情感满意度，因为他们感受到了来自家人和朋友的支持（Cutrona&Troutman，1986；Teti&Gelfand，1991）。随着社会支持的深入研究，人们发现社会支持水平是影响个体心理健康的重要因素之一。个体的社会支持主要是包括来自社会交往过程中对方，包括亲属、朋友、老师、社会组织等给予的精神方面、物质方面的帮助，这反映了个体与社会联系的程度和质量。

当前,研究者们对社会支持的研究主要围绕两方面进行,一种是实际社会支持(Received/Enacted Social Support),是指个体实际获得的支持,是个体在面临压力时周围人重要关系实际提供的帮助行为和物质,这是强调社会支持客观切实的方面;一种是领悟社会支持(Perceived Social Support),主要是指个体对客观实际支持的主观感知和体验,侧重于社会支持的可用性。领悟社会支持的能力不仅取决于社会支持实际给予的帮助,而且侧重于个体对获得帮助的接受和认可程度,以及对获得社会支持多寡的评估。领悟社会支持一定程度上部分反映了实际社会支持水平,但两者的机制不相同,是相对独立的(Barrera,1986)。

在社会支持的研究中,尽管社会支持力量强调了个体的实际社会支持水平对减轻个体所受到压力的作用,但多数研究结果的证据是基于被试的主观自我报告,也就是要求被试自我评估自身可能获得的支持的质量。研究显示,领悟社会支持对个体的人格发展的意义大于客观实际支持,与个体许多实用性功能的完善,如人格健全、人际关系、身心健康等都有明显的联系(Brissette, Scheier&Carver,2002)。领悟社会支持是指个体内在的、稳定的特征,是个体对社会支持的期望和评价,在评价其关系质量时个体所拥有的对可能获得的社会支持稳固的信念(Lakey&Cassady,1990),是一种评估个体与他人连接紧密与可靠程度的认知方向(Barrera,1986;Dunkel—Schetter&Bennett,1990)。

国内研究者也开展了相关探索。肖水源、杨德森(1987)则将社会支持分层了主观支持、客观支持和对支持的利用度。研究者们对社会支持的认识不仅考虑到了客观存在的社会支持,也关注到了个体内在的差异性会影响社会支持(唐海波,蒲唯丹,姚树桥,2008)。

领悟社会支持指向的是个体的主观感知和体验,强调个体在与他人交往的过程中,体验到的理解、关心等情感体验,其对个体的身心健康有着显著的影响作用。客观实际的社会支持无论存在与否,只有被个体进行感知、理解和接受支持,才会发生积极的意义。因此,综合以上的研究基础观,本书中,我们认为领悟社会支持是个体在社会情境中对外界给予的客观支持的主观感受和主观体验。

2.4.2 领悟社会支持的相关理论

关于社会支持作用机制的理论假说,目前主要有这三种:主效应模型(main effect modal)、缓冲作用模型(buffering effect modal)和动态模型(dynamic modal)。

主效应模型认为社会支持对个体的身心健康具有直接的促进作用,具有普遍性,其效应是独立于压力的。也就是说,不管压力程度如何,社会支持的增益作用是普遍性的。Berkman 和 Syme(1979)通过开展社会孤独者与社会支持之间的关系研究证实了该论点;Warheit(1979)通过开展个体婚姻状况和身心健康的关系研究,以婚姻状况为社会支持的指标,结果发现良好的婚姻状况与个体的身心健康有显著的正相关。根据主效应模型,个体的社会支持网络越强大,其身心适应状况表现更好,能越好应对环境与生活中的挑战。

缓冲作用模型认为社会支持对身心健康状况的作用影响的发生是有条件的,仅在压力应急条件下与身心健康发生联系,在压力事件中起到缓冲作用,缓解对身心状况的消极影响,保持与提高个体的身心健康。有学者提出,强大的社交网络可以为个体提供持续不断的帮助,它能使个体体会到在他人心中的重要地位,这些都对幸福感的提升和减轻压力源具有直接影响(Cohen & Wills, 1985; Kessler &McLeod, 1984)。社会支持对压力事件的缓冲作用有可能是一般性的,也可能是特异性的。一般性是指社会支持对任何一种压力事件都能起到缓冲器作用,而特异性则认为是在某一特定社会支持对某一特定压力事件能发生缓冲作用。在研究妇女亲密的社会关系与身心健康之间的联系发现,如果她们亲密的对象是其女性的丈夫或男朋友,这种社会支持关系可以有效的方式减小事件带来的影响(G.W.Brown,1975),该结论支持了社会支持缓冲作用模型的特异性观点。在其他研究中,用亲密朋友关系、个体间传达支持的行为作为社会支持的指标进行研究,其研究结果支持了缓冲作用模型的理论假设(Pearlin,1981)。

动态模型认为社会支持和压力的关系是相互影响和相互作用的,可以同时作为自变量以直接或间接的方式作用于个体的身心健康水平,他们的这种作用关系还会随着时间的改变而发生变化。有研究发现,社会支持、压力和身心健康的关系不是简单的直线关系,有时可能呈现曲线关系或者是阶段性变化的关系(Munroe &StEiner,1986),该研究观点支持了社会支持动态模型理论。

对于领悟社会支持的作用机制,感知的支持与获得的支持无关,发生作用在于个体对社会支持的感知。根据认知理论认为:领悟社会支持表现出较高的自尊和低失调的情感态度,低水平的感知支持与支持行为的评估和记忆的负面偏见有关。感知支持低的个体偏向于将社会支持视为对个体无用,感知支持偏低的个体较少回忆他人的有益的支持行为(Lakey & Cassady,1990)。

2.4.3 领悟社会支持的测量

由于研究者对领悟社会支持概念的偏重心不一致,在研究过程中,领悟社会支持的测量工具表现出了不同。国外研究者中, Procidano 等人(1983)编制了领悟社会支持量表,该量表分标准版和简化版。其中标准版量表包含 20 个题项,简化版包含 7 个题项,量表的内部一致性系数分别是 0.90 和 0.88。Zimet 等人(1988)编制的领悟社会支持多维量表(MSPSS),该量表共包含朋友支持、家庭支持和他人支持等三个维度,一共 12 个题项,采用 7 点计分法。量表内部一致性系数为 0.89。在 Blumenthal (1987)的介绍中,他认为该量表就是一种强调了个体自我理解和自我感受的社会支持量表,分别测定了个体领悟到的来自社会中的各种支持资源,如家庭、朋友和其他人的支持程度,它以总分反映了个体感受到的社会支持总程度。该量表是可以用于测量领悟社会支持情况的工具,也是当前应用最广泛、最有代表性的量表。

国内研究者中,肖水源(1987)编订了社会支持评定量表(SSRS),量表一共有 10 个题项,包含客观支持、主观支持和对支持的利用度三个维度。量表采用 4 点计分法,分值越高,表示领悟社会支持水平越高。量表经检验,具有良好的信效度,可以用于社会支持测量。研究者姜乾金(汪向东,王希林,马弘,1999)在 Zimet 等人(1988)编订的领悟社会支持多维量表(MSPSS)基础上,结合我国实际情况和国人特征进行了修订,修订后的量表在计分方法、维度、题项数量方面均没有改变,内部一致性系数为 0.90. 该量表在国内应用得较广泛,本书中也使用这一量表。

2.4.4 相关研究

2.4.4.1 领悟社会支持在人口学变量上的差异研究

以女性为研究对象,发现女大学生社会支持及各维度上存在显著的学科差异,但不存在家庭来源差异(郭敏,2007)。单亲家庭对领悟社会支持的差异研究发现,单亲家庭大学生领悟社会支持水平总体上要比非单亲家庭大学生要低(刘媛、姜潮、林媛、李纯、赵岩,2009)。对 1000 名不同群体的中国人进行社会支持状况研究,结果发现,女性拥有较高的总体社会支持,在家庭支持、朋友支持维度上女性得分显著高于男性,在城乡差异方面的差异分析,发现生活在城市的群体与生活在城镇和农村的群体在朋友支持、家庭支持方面,获得的社会支持更多,存在显著差异(刘晓,黄希庭,2010)。性别差异方面,也发现了女性领悟社会支持总体水平要显著高于男性,并呈现出随着年龄增长,这种差异会更显著(张书朋、张庆垚、李彩娜,2015)。以青少年为研究对象,发现不同性别的青少年在家庭支持维度存在显著性差异,不同家庭所在地的青少年其领悟社会支持及其各维度得分均存在显著性差异(张庆义,2021)。相较这些研究,领悟社会支持在性别上表现的显著差异有较一致的发现,在不同家庭来源方面表现的显著差异,其研究发现有不一致的地方。

2.4.4.2 领悟社会支持与其他变量的相关研究

有学者研究个体领悟社会支持的能力和社会交往水平的关系,提出其领悟社会支持的能力可以部分反映社会交往水平,研究认为具有较高社会交往能力的个体在建立亲密人际交往方面更加成功,并增强了社会支持的可利用性(Heller,1979)。在领悟社会支持感知能力研究方面,研究发现生活的苦难会损害个体对社会支持的感知能力,因为患难中的个体其社会接触的意愿会降低,由此影响社交技能的发展,从而增加被拒绝的风险,因此有心理症状的个体比起正常人来,要较难于发展支持性关系(Compas et al,2001)。而人格特征特点也会对领悟社会支持的感知能力有影响作用,研究发现有较高负面认知评价的个体可能对社交关系的看法更加负面,自尊心低下或者认知态度失调的个体在他人对自己的支持尝试或其个人品质关系,比较容易出现否定性解释,相反,低领悟社会支持的个人也倾向于表现出较低的自尊和功能失调的态度(Lakey&Cassady,1988)。另外,人们是用相同的图式来描述自己或自己有关的人际关系,如研究提出对自己有消极和认知功能失调态度的人可能会将这种消极情绪扩展到社会情境中他人的认识(Higgins et al,1982)。在领悟社会支持的功能研究方面,以特殊群体为研究对象,发现领悟社会支持对疾病治疗具有积极意义。如以骨髓移植长期幸存者为对象的研究，结果发现领悟社会支持有助于提高其生活质量，并减轻生活压力（Molassiontis et al，1997）；在以HIV阳性妇女的研究中，发现领悟社会支持和社会互动可以降低她们的痛苦，并在延长寿命方面发挥了积极的作用（Hudson，Lee，Miramontes，&Portillo，2001）。后续的研究，领悟社会支持的研究对象也拓展到了普通人群：研究以欧美青少年为对象，发现其领悟社会支持程度能化解儿童期累积性的情境风险对成年初期抑郁症的影响（Patwardhan et al，2017）。

国内研究者也对领悟社会支持开展了丰富的研究。领悟社会支持作为自变量对其他变量以直接或间接的方式发生影响。大学生领悟社会支持与亲社会行为、生活满意度、主观经济地位显著相关，并能够直接限制预测大学生生活满意度，也能够通过亲社会行为间接地影响大学生的社会满意度（黄江喜、张清桃、常保瑞，2021）；农村初中生的领悟社会支持对其心理韧性水平具有显著的正向预测作用，也能部分通过一般自我效能感间接影响心理韧性（赵寒冰，2021）；在对留守中学生的相关研究中，领悟社会支持可以直接负向预测抑郁，也能够通过积极应对显著负向预测抑郁（汤彩云、顾皎、吴文峰、卢永彪，2021）；寄宿制高中生领悟社会支持水平可以显著预测其学习投入，也可以通过自尊间接影响学习投入（代文武、王晓玲、王家华、贾宁，2021）；领悟社会支持可以显著负向预测师范生的学习倦怠，并能够部分通过一般自我效能感间接影响学习倦怠（王雨晴、李明蔚，2021）；领悟社会支持可以显著正向预测民警的工作投入，也能够部分通过心理授权间接影响其工作投入（张佳佳、陈昱伶、汤芙蓉，2021）；领悟社会支持可以正向预测新生代农民工的生活满意度，也能正向预测其基本心理需求，并与抑郁焦虑压力的交互项显著预测基本心理需求和生活满意度（魏孟、郑一瑾、王士琳、杨端、张连生，2021）。

领悟社会支持也作为中介变量影响其他变量。领悟社会支持在抑郁和大学新生网络成瘾问题之间起到中介作用（阳谦舟、印利红、胡义秋，2021）；领悟社会支持在物质主义和关系自尊之间起中介作用，并与关系需要满足在这两者间发生链式中介作用（岳磊、吴佳珂、吴幸哲、许心阳、邓慧颖、李静，2021）；领悟社会支持在高中生人际关系与心理资本之间起部分中介作用（唐辉一、罗超、王悠悠、陈泽婧、吴俊华，2021）；领悟社会支持在气质性乐观和大学生主观幸福感的关系中也起到了中介作用（张家喜、黄申、齐啸、高攀、蔡勇奎、吴赪，2021）。

领悟社会支持作为因变量的研究。大学生体育生活方式与领悟社会支持及各维度存在显著负相关，其中挑战型、健康型和社会型体育生活方式能有效预测领悟社会支持（石彧坤、臧留鸿，2021）。

通过这些研究可以发现领悟社会支持这一心理变量不仅对特殊领域发生作用，也对普通群体有适用性。当个体感受到来自他人或社会的支持时，领悟社会支持可以作为一种保护性因素，以缓解个体感受到的心理压力，从而获得更高的幸福感，促进心理健康，也能作为一种激励性因素，影响个体心理品质。

2.5　职业决策自我效能感

2.5.1 概念界定

自我效能感是班杜拉社会学习理论中的一个重要概念。班杜拉（1977）对自我效能感的定义是指人们对自身能否利用所拥有的技能去完成某项工作行为的自信程度。他认为人们具有结果期望外，同时也具有效能期望。除了对自己某种行为会导致某种结果进行推测，也会对自己通过某一特定行为能否达到特定结果进行预测。这种预测发生后，那么这种行为就可能被激活和被选择。自自我效能感概念被提出后，很多心理学界、教育学界以及组织行为领域等的学者开始了大量研究。班杜拉认为，自我效能感是存在于个体的不同领域的，因为不同活动领域之间具有差异性，其要求的技能、能力千差万别。一般自我效能感是不存在的，任何时候谈论自我效能感都是和特定情境领域相联系在一起的。自我效能感形成的影响因素与个体自身行为的成败经验、替代经验、言语劝说、情绪唤醒、情境条件等有关。人们通过这些因素获取的信息形成积极的认知和评价，是可以提升个体的自我效能感。自我效能感高的个体，通常会表现得具有更高的期望值、遇到困难时较能理智处理、乐于迎接挑战、能积极获得新行为和习得新行为、拥有较多的积极情绪、能发挥智慧和技能。而自我效能感低的个体，会显得畏缩不前、情绪化处理问题、回避挑战、易受惧怕和恐慌的干扰，难以发挥知识和技能。

职业决策最早是由英国经济学家 Keynesian 提出，他在自己的经济理论中提到职业决策是指在择业情境下，个体对自己是否具备完成某项工作的能力以及是否可以做出选择该项工作的判断。一般情况下，传统的职业生涯规划理论观点认为，职业决策由明确目标、确定可选方案、挑选最佳方案三个部分组成。已有研究发现，个体自身的能力、职业发展前景、所处的家庭和社会环境都会影响职业决策（刘海，2012）；个体心理资本也会显著影响职业决策过程（赵旋，2019）。

随着自我效能感、职业决策理论的发展，学者们逐渐关注到两个领域之间的渗透研究。最早将职业决策和自我效能感两个概念结合起来应用于职业辅导研究的学者是 Betzt 和 Hacket（1981）。他们提出的职业效能感主要包含两部分内容，一是与职业内容相关的自我效能，也就是个体对自身完成某一职业所规定的有关内容（如职业所需教育、具体所需职业任务等）能力的信念；二是与职业行为过程有关的自我效能，即是个体对自身完成某项职业行为过程（如职业决策、职业寻找等），达到行为目标能力的信念、判断与感受（Jex S M, Bliese P D，1999）。Taylor 和 Betz（1983）结合班杜拉自我效能感理论，提出职业决策自我效能感概念，认为职业决策自我效能感就是指个体在特定的职业领域，在完成与职业有关的活动时，以自身为对象，对自己发生的某一职业行为，能够在何种水平上完成该行为所具有的信念、判断或自我感受，也就是对自己能力的信心程度判断。面对完成某项任务进行的能力，个体进行感知并做判断，判断的结果会直接影响职业决策并有不同的表现。职业决策自我效能感高的人，更容易在职业领域内做出决策，迎接挑战；低的人，会惧怕挑战、会踌躇不前。由此，也提出了职业决策自我效能感的操作性定义，认为职业决策这一职业行为包含信息收集、自我评价、制定规划、确定目标和解决困难等五方面的能力。其中，信息收集能力是指个体在求职过程中收集相关求职信息的能力，个体需要具备对自己所选职业的行业发展前景信息收集的能力。自我评价能力是指个体在进行求职择业过程中，能充分了解自己的特点、职业兴趣和职业能力，了解自身能创造的职业价值，了解职业岗位及岗位能力要求，做出自我判断与自我评估的能力。制定规划能力是指个体依据自身能力和对未来规划制定职业规划，能不断提高自身职业技能，实现计划目标，发展自身职业生涯的能力。确定目标的能力，是指个体进行自我评价后，能依据自己的能力、特长以及兴趣爱好，结合岗位及岗位能力要求，做出自身的职业决定，确定自己的职业目标。解决困难的能力，是指个体在就业的过程中遇到的各种困难与挑战，个体能积极解决，并表现出相应的解决困难的能力。由此，Taylor&Betz对职业决策自我效能感的定义认为是个体自身对从事某种特定职业应具备其能力的自信程度，是个体对自身是否能完成职业选择、职业行为等整套职业工作的自信心的判断和自我感受。

国内学者也对职业决策自我效能感进行了相关研究。职业决策自我效能感是自我效能感在职业领域中的具体应用，是属于社会认知理论的概念，在国内研究中，也有很多学者将其翻译为择业效能感。彭永新，龙立荣（2001）认为，职业决策效能感意为决断者在展开职业决断时，对于自身是不是能够胜任各类工作所必备的能力判断，是个体对实行职业选择、职业承诺等有关活动时体现出来的对自身坚定信念的程度。狄敏、黄希庭（2003）认为职业自我效能感是个体经常综合自身和外部世界的各种信息，不断对自己职业能力进行评估和再评估的基础上做出职业选择判断的过程，是对自我职业能力的自我感知。

通过对已有研究发现，学者们对职业决策自我效能感有着相对统一的认知，认为职业决策自我效能感是个体在择业过程中对自身能力、所能创造的职业价值、职业技能水平胜任判断评估方面的自我感知。职业决策自我效能感是自我效能感在职业领域的具体应用，其核心在于个体对自己能否具备完成某项职业的能力以及顺利做出选择该项职业的判断。本书是以家庭经济困难大学生的职业决策自我效能感为研究内容，目的在于探讨影响家庭经济困难大学生择业的有效因素及路径，为提升家庭经济困难大学生择业教育提供建议，因此，本书采取龙立荣教授的概念，认为职业决策自我效能感是决策者个体对自我能力的评估，以及在职业决策中对自己的自信程度。

2.5.2 职业决策自我效能感形成与发展的影响因素

根据班杜拉自我效能感理论，职业决策自我效能感的形成与发展与个体从事职业相关活动过程中对自我效能信息的认知加工有关。个体在日程职业活动中，通过综合自身和外界各种信息，不断形成对自身职业能力的评估与再评估，进而做出职业自我效能判断。这个过程所体现的个体对职业的自我感知，表现出来的自信程度，则形成个体的职业决策自我效能感。影响职业决策自我效能感的形成与发展的主要信息来

源有以下几个方面:

(1)与个体职业活动有关的成败经验。个体亲身经历与职业活动有关的成败经验是形成职业能力和技能自我认知的基础,是最具影响力的职业决策自我效能信息源。个体在经历的某种职业有关的各种活动中,获得的成功经验会提高职业决策自我效能感,而失败的经验尤其是在与该职业相关的多次失败的经验往往会导致职业决策自我效能感的降低。在成败经验对职业决策自我效能感影响上,其具体的影响还与个体的归因方式有关。根据归因方式理论,个体对成功经验归因于外部机遇等不可控的因素,则不会增强效能感,把失败经验归因于自我能力等内部的可控的因素也不一定就会降低效能感。根据 Winter 的能力增长观的观点,个体如认为能力可以改变,把失败经验归因于自身能力的个体,则其职业决策自我效能感比较高,反之则低。

(2)他人的替代经验。他人的,或者是与个体更一致的榜样情况,看到其在职业活动上的成功,则能提高个体对从事该职业的自我效能感。同样地,看到与自己相似能力的个体,若是在某项职业活动中尝试了很多努力还是没能胜任该职业遭遇失败,则会降低个体在这方面的职业决策自我效能感。

(3)言语劝导。这是一种以言语劝说或自我劝导来影响个体对自己职业能力评估判断与感知的信息源。以说服的方式可以增强个体的职业决策自我效能感,促使个体愿意付出努力去实践行动,增进成功经验,以此形成和发展个体的职业能力和职业决策自我效能感。这种劝说、说服是结合个体实际事实基础,则其效果会更好。言语劝说对自我效能感的影响还有赖于信息源的专业性、权威性和吸引力。

(4)个体生理及情绪状态。职业决策自我效能感的形成与发展还依赖于个体对自身生理状态方面信息的评价。高生理唤醒水平往往会降低行为表现(班杜拉,2000)。如果个体长期习惯于将自己在从事与某种职业有关活动时所体验到的负面的生理唤醒与挫败感、无法胜任感联系起来,表现出对自己负面的评估与感知,则会降低他的职业决策自我效能感。而积极的情感支持,如来自父母的支持,有助于提升青年的职业决策自我效能感。

需要说明的是,这四方面内容是给个体提供信息来源,构成影响职业决策自我效能感的外部因素,但这并不直接导致个体的职业决策自我效能感结果,当中还需要在一系列个体内部因素与外部因素相互影响作用下，才能建立并发展起职业决策自我效能感。这些内部因素有：对成败经验的归因方式；个体的自我监控偏好，如偏向于关注自己在活动中表现得消极的方面，则会降低自我效能感，而习惯于关注自己成功的方面忽视失败方面，则会夸大自我效能（高申春，2000）；个体所持的能力观；目标设置状况，合适的具有挑战性的目标设置，有利于发展职业决策自我效能感；反馈方式，积极的反馈方式会增强职业决策自我效能感，反之则会降低；社会文化因素，社会文化中的一些习俗、偏见等因素也会对个体的职业决策自我效能感产生负面影响。

总体而言，职业决策效能感是个体在处理整合内外部信息基础上，对自身职业能力自我评估和再评估，做出判断选择的过程中逐渐形成与发展的。

2.5.3 职业决策自我效能感的测量

职业决策自我效能感是自我效能感理论性和应用性的研究，对职业决策自我效能感的测量，可以有效获得对决策者自我职业选择的能力评估，可以广泛应用于职业辅导。1983 年，Taylor 和 Betz 为了解自我效能期待对理解和解决职业决策困难的有效性，以及它们之间的相关程度，合作编制了职业决策自我效能感量表（Career Decision Making Self-efficacy，简称 CDMSE）。CDMSE 是可以用于测量个人需要成功做出职业决策时的信念程度，包含自我评价能力、获取职业信息能力、目标制定能力、职业规划能力和问题解决能力五个维度，具有良好的信度和效度。之后，1996 年，Betz、Klein 和 Taylor 对 CDMSE 进行简式（只有 25 题），问卷效果不亚于原版。这一量表在测定职业决策自我效能感方面得到了广泛应用。

国内学者彭永新、龙立荣参照 Betz 和 Taylor 的 CDMSE 对国内学生采用访谈法和开放问卷调查法，编制了我国“大学生职业决策自我效能感量表”，该量表采用五级方式计分，共 39 题项，内部一致性系数 α 为 0.93，重测信度为 0.656，具有较强的辨别效度，对整体判断使用较好，是进行职业决策困难状况诊断的一个有效量表（彭永新、龙立荣，2001）。

郑日昌、张杉杉（2002）对 Betz 的 CDMSE 问卷中文版对中国大学生进行测试，采用验证性因素分析，发现问卷结构不明确，以此开展变量本土化择业效能感问卷，了解中国大学生择业效能感的内容结构，共有职业信息与技能效能感、学业绩效效能感、个性自我了解效能感和社会支持效能感四个维度，分半信度和重测信度分别为 0.87 和 0.82。

胡艳红（2003）结合我国大学生就业状况，依据自我效能感测量理论，参照 Taylor 和 Betz 编制的《职业决策自我效能感量表（简式）》，编制了大学生择业效能感问卷，共包含自我概念、自我评价、社会支持、职业信息收集、学绩和目标设定六个维度，六维度方差累计贡献率为 56.931%，内部一致性系数 α 为 0.724。该问卷在一定程度上能够测量大学生的择业效能感。

龙燕梅（2003）将 Taylor&Betz 编制的《职业决策自我效能感（简式）》量表翻译成中文，编制了择业效能感量表，对中国大学生进行研究测试，经过项目分析和信效度检验，发现该量表项目内容是适合我国大学生实际情况，题项具有良好的信效度。该表保留了原量表的 25 个题项，共有五个维度。

赵冯香（2005）为探讨研究测量学生职业决策困难的工具，以 Betz&Taylor 的职业决策自我效能感理论为基础，参照其“职业决策自我效能感（简式）”量表，对大学生进行案例分析、开放问卷调查、访谈研究和预测，编订了中国大学生职业决策自我效能感简式量表。量表共包含职业信息、自我评价、未来规划、目标选择和问题解决等 5 个维度，共 25 个题项，具有合格的信度和效度，可以作为职业决策困难的诊断性量表来使用。该研究也验证了 Taylor & Betz 的职业决策自我效能理论对中国的大学生是适用的。

综上所述，职业决策自我效能感的测量方式发展可以归纳以下特点：一是职业决策自我效能感的测量还是围绕其基本定义开展，测量维度为自我评价、自我认知程度和职业信息收集能力等方面的体现，以及受外界评价影响程度可能会改变自身自信心程度的评价，方法较单一，局限于问卷测量工具；二是职业决策自我效能感的测量开展了本土化研究，验证了国外的 CDMSE 在国内的适用性，也根据本土情况编制了适合国内大学生使用的测量工具，这些工具的研究，能适应我国对择业效能感研究的需求；三是国内测量职业决策自我效能感问卷的适用度还应加强，当前本土化研究测量的对象，如郑日昌、张杉杉调查的对象是理工科大学生，发现 Taylor&Betz 的 CDMSE 量表结构不够明确，而其他学者发现了其适用性，这是有矛盾的地方，今后还可对职业决策自我效能感测量开展更充分的实证研究，继续加以修订完善。同时，根据本研究的目的性，和对职业决策自我效能感的定义，其量表采用彭永新、龙立荣在 Taylor&Betz 的 CDMSE 量表基础上编订的职业决策自我效能感。

2.5.4 相关研究

梳理职业决策自我效能感的研究，我们发现，职业决策自我效能感与人口变量学因素、个体内在因素、外界因素有关，并能够通过一定方式对职业决策自我效能感进行干预研究。

2.5.4.1 职业决策自我效能感与人口变量学因素的研究情况

大学生的职业决策自我效能感在学校类型、专业类型、学历、是否独生子女、有无工作经历等几个方面具有显著差异；但在性别、城乡和家庭条件等方面不存在显著差异（赵冯香，2005）；大学生在择业效能感上存在显著的性别和年级差异，并不存在专业差异（龙燕梅，2003）。

研究发现，职业决策自我效能感存在显著的性别差异。闫凤霞（2015）采用彭永新、龙立荣修订的职业决策自我效能量表（CDMSE）工具，对大学生进行职业决策自我效能感研究，发现男生的职业决策自我效能感总分显著高于女生，而且在选择目标、收集信息、问题解决和制定规划四个维度上，男生的得分也显著高于女生；李佳根（2019）采用工具对大学生进行研究，发现在信息搜集能力和自我评价能力维度上，男生显著高于女生。

在其他人口变量学因素上，据闫凤霞（2015）的研究报告，大学生职业决策自我效能感总分在年级、专业、独生与否、生源地上均不存在显著差异。张艳娜（2017）研究结果报告大学生的职业决策自我效能感存在生源地上的差异，其中来自城市的大学生在职业决策自我效能感总分和各维度上的水平显著高于来自农村的大学生。在年级差异方面，冷静、刘伟臻、侯东敏、司继伟（2017）的研究结果报告，大三年级的学生的职业决策自我效能感要显著高于大一、大二的学生。

2.5.4.2 职业决策自我效能感与其他变量的影响研究

职业决策自我效能感作为自变量或因变量的相关研究。研究发现，高职业决策自我效能感的个体，更具有准确的职业定向，其职业目标更高（Gushue et al，2006；Scott & Ciani，2008）。择业自我效能感与职业决策困难呈现显著负相关，即择业自我效能感越高，个体越不容易出现职业决策困难（陈立，2019）；适应性决策风格与高职生职业决策自我效能感显著正相关（邢风华，2020），家庭系统情境因素中的动态因素，包括父母职业支持、服务职业冷淡、亲子关系治疗、家庭压力感和家庭正面感均对大学生职业决策自我效能感有显著影响（蔡秀、姜博、郭明雨、董金秋，2020），专业认同、专业承诺、心理资本与职业决策自我效能感具有显著正相关关系（陈语萱、郑雪艳，2020），心理弹性对职业决策自我效能感具有正向预测作用（陈羽菲，2021），学业自我效能感对实习护生的职业决策自我效能感各维度均有一定作用，具有一定的变异解释量（张来香、朱秀丽、张业玲、姜丽丽，2020）。

职业决策自我效能感作为中介变量调节其他变量关系的研究。Thompson 和 Subic[28] 研究发现职业决策自我效能感在社会地位和职业不确定性方面起中介效应。曲可佳（2015）等人研究发现职业决策自我效能感在主动性人格对职业生涯探索的影响中起中介作用。余淑君（2008）研究发现职业决策自我效能感在适应良好完美主义和适应不良完美主义与职业未决之间起部分中介作用。时佩峰（2016）对大学生开展研究，发现职业决策自我效能感在专业承诺与职业决策困难起中介效应；谢晓东、喻承甫、李丁丁（2016）发现职业决策风格和职业决策困难之间的关系，职业决策自我效能感发挥了中介作用，发现青少年未来取向与职业决策困难；杨萌、刘力、林崇德、张笑笑、赵显（2010）发现大学生经济信心与就业信心；周炎根、桑青松、葛明贵（2012）发现社会支持与专业承诺、职业成熟度和归因方式间的关系间均起中介效应。王凯丽（2019）研究中发现心理资本可以影响着职业生涯规划的发展，也可以通过职业决策自我效能感间接影响着职业生涯规划的发展，并且对职业生涯规划发展的提升具有促进作用。张百艺（2019）研究中发现父母的教养方式影响着高中生未来职业规划的发展，同时可以通过高中生职业决策自我效能感对未来职业规划产生影响。陈琳珏（2017）在研究中指出职业社会支持对职业的兴趣发展产生影响，也可以通过职业决策自我效能感间接影响职业的兴趣发展。宋重阳（2021）以高中生为研究对象，采用问卷调查法，发现高中生职业决策自我效能感在未来时间洞察力与职业成熟度之间起着中介作用。刘洋等人（2021）研究发现临床医学专业学生工匠心理能够通过职业决策自我效能感间接预测职业成熟。刘利敏、张大均（2021）以大学生为研究对象，探讨父母教养行为、职业决策自我效能感和职业生涯探索的关系，结果发现职业决策自我效能感在父母积极与消极教养行为对高校大学生职业探索的作用影响中起到了中介作用。张晓黎、车丽萍（2021）的研究发现职业决策自我效能感可以在专业认同和职业决策困难中起到部分中介作用。张书皓等（2021）对京津冀地区高校大学毕业生开展自我意识、生涯示例、职业决策自我效能感和职业决策困难的关系研究，结果发现，职业决策自我效能感在自我意识对职业决策困难的影响路径中，不仅起到了中介作用，还与生涯适应力一同发挥了链式中介作用。

从以上的研究，职业决策自我效能感在职业领域、主动性人格、家庭教育方式等方面得到了深入研究，特别是在职业领域，获得了丰富的研究成果。职业决策自我效能感与职业决策困难、未来取向、职业成熟度、求职行为、未来职业规划等问题有着紧密的关系。一些重要的心理因素，如心理弹性、心理资本，会影响着职业决策自我效能感的形成。

2.6　家庭经济困难大学生未来时间洞察力、领悟社会支持、心理资本和择业自我决策效能感的关系研究

2.6.1 未来时间洞察力与职业决策自我效能感的关系研究

未来时间洞察力在职业生涯领域开展了丰富的研究。Husman & Lens（1999）研究发现未来时间洞察力对求职和就业过程都发生着重要的作用；Creten（2001）和 Tabachnik 等（2008）通过研究证实了未来时间洞察力在部分职业生涯结果变量中起到了激励的作用，这种作用主要体现在，增强了未来时间洞察力，个体会对自己的工作和目标更加重视，因而具有了更强的动力，发生了激励的作用。Lent&Brown（2013）的研究发现，高水平未来时间洞察力的个体具有更积极的职业发展水

平，在自己“管理职业准备、进入、调整或改变不同职业道路所需的特定任务”方面的能力表现出更强烈的信念。

社会认知职业理论提出，个体对自身环境的心理解释对其自我效能感和随后的职业选择行为有直接或间接的影响（Lent et al，2000）。以此推论，未来时间洞察力代表了个体对未来目标和当前任务的认知解释，未来时间洞察力高的个体，理论上会更加积极地看待自身环境，也能更积极地解决情境障碍（Husman&Lens，1999；Mclnerney，2004）。个体对这些环境的积极解释导致了未来目标的认可和对当前任务的参与，这为后续的自我效能感信念的发展提供了基础（Wallker&Tracey，2012）。研究也表明，高水平未来时间洞察力的个体有着更强的职业自我效能感（Jung et al，2015）。

未来时间洞察力是一种想象未来的能力，这种能力能帮助个体思考任务，计划目标进而实现自己的规划，因此对职业决策、职业计划方面起到了非常重要的作用（Taber，2015），并且能够显著影响职业决策自我效能感、职业选择焦虑（Jung et al，2015；Walker&Tracey，2012）。

国内学者对未来时间洞察力和职业决策自我效能感的关系研究取得了一定成功。梁群君等（2017）以大学毕业生为研究对象，以未来时间洞察力为自变量，社会支持和职业决策自我效能感为中介变量，主观幸福感为因变量。研究结果发现，未来时间洞察力可以显著预测职业决策自我效能感，并通过职业决策自我效能感和社会支持的链式中介和多重中介作用影响大学生的主观幸福感。高斌等（2019）以《青少年未来时间洞察力量表》《青少年时间管理倾向量表》《高中生专业决策自我效能感量表》为测量工具，以高中生为研究对象，研究发现高中生的专业决策自我效能感越高，高中生的未来时间洞察力中的未来积极、未来坚持、未来情绪以及未来计划维度与专业决策自我效能感呈显著正相关并存在显著正向预测作用，未来消极、未来迷茫维度与专业决策自我效能感呈显著负相关并存在显著负向预测作用，未来消极、未来积极、未来迷茫维度能够部分通过时间管理倾向间接影响专业决策自我效能感，未来清晰、未来坚持维度可以完全通过时间管理倾向间接影响专业决策自我效能感。未来坚持、未来清晰及未来计划也相对较高，而高中生的未来消极、未来迷茫会变低。张云逸（2020）以未来时间洞察力为自变量、职业决策自我效能感为中介变量，考察对职业决策的影响作用机制，研究对象是高中生，研究结果发现未来时间洞察力也依然是可以显著预测高中生的职业决策自我效能感，并且通过职业决策自我效能感影响高中生的职业决策。徐碧波等（2021）以大学生为研究对象，考察未来时间洞察力与职业决策自我效能感的关系及作用机制，结果发现，未来时间洞察力是可以显著预测职业决策自我效能感，也能够通过自尊、领悟社会支持间接影响大学生职业决策自我效能感。

这些研究结果表明，未来时间洞察力与职业决策自我效能感的关系是重要的，两者间的作用机制可以直接、间接地发生影响，研究的对象多以大学生、高中生等普通群体为主。

2.6.2 未来时间洞察力与领悟社会支持的关系研究

经从中国知网数据库以“未来时间洞察力”和“领悟社会支持”为关键词搜索，直接以这两者关系的研究较少。国内学者徐碧波、陈晓云等人（2021）开展未来时间洞察力与大学生职业决策自我效能感的关系研究，理论构建未来时间洞察力可以通过领悟社会支持的中介作用对大学生的职业决策自我效能感发生积极影响。研究采用宋其争（2004）的《一般未来时间洞察力量表》、姜乾金（2001）《领悟社会支持量表》为工具探讨了二者的关系，结果发现，未来时间洞察力可以正向显著预测领悟社会支持，并能够通过领悟社会支持和自尊间接影响大学生的职业决策自我效能感。该结果验证了研究假设，具有高未来时间洞察力的个体，拥有更积极的自我认知，更能主动探索自我的各个层面，更倾向为自己的未来考虑，因而也会对自己所处的社会情境给予更高的关注，具有更广阔的视野，积极主动地扩大社交网络，对接收的社会支持有更高的主观感受和主观体验。与此同时，国外研究者 Plat 等人（2014）的研究也表明，个体社交圈子越大，其包含的成员也越多，感受到的社会支持也就越多。因此，未来时间洞察力能够影响个体感受到的社会支持领悟，通过来自个体社交的影响，构成领悟社会支持的个人资源。据其研究结果，可进行其他群体的研究丰富未来时间洞察力和领悟社会支持的关系研究。

2.6.3 未来时间洞察力与心理资本关系分析

已有的研究中，开展未来时间洞察力与心理资本之间关系的研究并不多。罗凤娟（2021）以高中生为研究对象，引入心理资本为中介变量，考察未来时间洞察力与生涯适应力之间的作用机制，采用的工具为积极心理资本问卷、青少年未来时间洞察力量表和生涯适应力量表。分析结果发现，未来时间洞察力与心理资本呈现显著正相关，未来时间洞察力可以显著正向预测心理资本，心理资本在未来时间洞察力和生涯适应力之间发挥部分中介作用。该研究表明，未来时间洞察力与心理资本是具有显著相关关系，高未来时间洞察力的个体，其心理资本水平也会越高，今后可以继续在不同领域、不同群体中拓展两者之间关系的研究，丰富提升对未来时间洞察力与心理资本的理论内涵。

2.6.4 领悟社会支持与职业决策自我效能感关系分析

以往的研究中，国内研究者对领悟社会支持与职业决策自我效能感的关系进行了探讨。梁群君等人（2017）研究大学毕业生未来时间洞察力对主观幸福感的影响机制，采用姜乾金等编订的《领悟社会支持量表》（PSSS）、邝磊等编订的《职业自我效能感量表》（CDMSE）为工具，考察领悟社会支持和职业自我效能感对未来时间洞察力和主观幸福感间的作用机制。结果发现，领悟社会支持对职业自我效能感的影响路径显著，肯定并验证了社会支持对职业决策自我效能感有明显影响。

龙处芝（2018）以大学生为研究对象，采用彭永新和龙立荣编订的《大学生职业决策自我效能感量表》、zimet 等编制的《领悟社会支持评定量表》和罗森博格的《自尊量表》为工具探讨大学生自尊、领悟社会支持和自尊的关系。结果发现领悟社会支持对大学生职业自我效能感具有显著的预测作用，并在自尊和职业决策自我效能感的关系中起到了完全中介的作用。

在徐碧波等（2021）的研究中，考察领悟社会支持对在未来时间洞察力与大学生职业决策自我效能感间的作用机制，研究采用了姜乾金等编订的《领悟社会支持量表》（PSSS）、邝磊等（2011）编订的《职业决策自我效能感量表》。结果发现，在未来时间洞察力－领悟社会支持－职业决策自我效能感的中介路径显著，领悟社会支持可以正向预测职业决策自我效能感。

从这些研究，可以发现领悟社会支持对职业决策自我效能感具有明显的影响作用。

2.6.5 心理资本与职业决策自我效能感关系分析

心理资本与职业决策自我效能感的研究较丰富，其成果表明心理资本与职业决策自我效能感息息相关。其中，显示心理资本与职业决策自我效能感之间具有显著正相关关系及预测作用的研究。张轩辉、余红娥（2016）以大学生为研究对象，依据积极心理学视角下"心理资本"的概念，探索大学生心理资本的结构并自编测量问卷，探讨大学生心理资本和职业决策自我效能感之间的关系。结果发现大学生心理资本与职业决策效能感存在极显著的正相关，心理资本中希望、乐观和成就动机显著正向预测职业决策自我效能感各维度，自信显著正向影响职业效能感中的收集信息和问题解决维度。

心理资本作为中间变量影响职业决策自我效能感的研究。罗小漫、邵明星（2016）考察高职生无聊倾向性、心理资本和职业决策自我效能感的关系，结果发现心理资本与高职生的职业决策自我效能感有显著的正相关关系，并且心理资本可以作为调节变量显著影响职业决策自我效能感，调节效应值为44%。段修云、徐明津（2017）采用社会支持量表（SSRS）、积极心理资本问卷（PPQ）和职业决策自我效能感量表（CDMSES）对广西四所高校的大学生进行调查施测，探讨大学生社会支持、心理资本和职业决策自我效能感之间的关系。研究结果发现，大学生积极心理资本与职业决策自我效能感各维度呈现显著正相关关系，心理资本在社会支持和职业决策自我效能感之间起完全中介作用。薛巧巧（2019）考察藏汉大学生职业价值、心理资本与职业决策自我效能感之间的作用机制，采用张阔等编订的《积极心理资本问卷（PPQ）》、彭永新和龙立荣编订的《大学生职业决策自我效能感量表》作为工具。结果发现藏汉大学生心理资本总体及其四个维度，都与职业决策自我效能感总体及其五个维度存在显著正相关。采用层级回归分析结果，发现心理资本在藏族大学生的手段性职业价值观与职业决策自我效能感两者关系中起着部分中介作用，在汉族大学生的目的性职业价值观与职业决策自我效能感的关系中发挥了部分中介作用。王凯丽（2019）采用张阔等人编制的《心理资本问卷（PPQ）》、龙立荣和彭永新编制的《大学生职业决策自我效能感问卷》和戴玉英编制的《大学生职业生涯规划量表》，以大学生为研究对象，探索其心理资本、职业决策自我效能感和职业生涯规划的作用机制，以寻求影响大学生职业生涯规划的因素。经研究分析，大学生心理资本与职业决策自我效能感有显著的正相关关系，表明心理资本越高，其职业决策自我效能感越高，并能够通过职业决策自我效能感中介作用间接影响职业生涯规划。詹启生、李秒（2019）以心理资本为中介变量，探索家庭亲密度对大学生职业决策自我效能感的影响机制。结果发现大学生心理资本可以正向预测职业决策自我效能感，并在家庭亲密度与职业决策自我效能感之间发挥着完全中介的作用，心理资本的增强，可以提升职业决策自我效能感。

引入心理资本变量研究职业决策自我效能感的研究，为我们提供了从积极心理学的理论视野丰富职业决策自我效能感的理论认识。心理资本和职业决策自我效能感之间关系研究及作用机制研究成果，为高校从积极心理学视角开展大学生就业指导教育提供了较好的理论观点与实践建议。

2.6.6 未来时间洞察力、心理资本、领悟社会支持和择业自我决策效能感的关系

目前的研究已经表明，未来时间洞察力与职业决策自我效能感是存在显著相关关系的，并且表现出了显著的预测作用。也有研究者进一步拓展，深入挖掘未来时间洞察力与职业决策自我效能感之间的作用机制。相关研究表明，领悟社会支持在未来时间洞察力与职业决策自我效能感之间存在中介作用，也就是说个体在未来时间洞察力一致水平下，通过加强领悟社会支持感知，可以提升职业决策自我效能感。至今研究里，还未有研究揭示心理资本在未来时间洞察力与领悟社会支持关系间是否也存在中介作用。但有研究表明，心理资本与领悟社会支持两者是存在显著相关关系的。未来时间洞察力也对心理资本表现出了显著相关。时间心理现象万千，我们有理由相信引起某一种心理行为的因素不会是单一因素。因此，在未来时间洞察力对职业决策自我效能感关系之

间的预测性,是否也还存在其他的中介因素。本书着力于探索心理资本和领悟社会支持在未来时间洞察力对职业决策自我效能感的影响中可能起到的作用,是否是独立中介作用或是链式中介作用。

第3章　现有研究不足与研究目的

3.1　现有研究不足

上述研究都为本书研究家庭经济困难大学生职业决策自我效能感提供了重要的理论指导，然而仍存在以下几个方面的不足：

（1）研究对象上的拓展不足。目前关于未来时间洞察力对职业决策自我效能感预测作用的研究主要是以大学生、高中生等为对象展开，心理资本的研究对象主要以营利性组织为主，而针对高等院校组织及学生个体较少。由于研究对象上的差异，在管理与教育实践上可能存在较大的不同，研究对象的不同会进一步影响未来时间洞察力对职业决策自我效能感的作用关系。另外，目前正处于国家巩固脱贫攻坚成果向乡村振兴衔接的关键阶段，国家教育部、团中央等部门都在千方百计出台相关政策大力帮扶脱贫家庭的大学生顺利就业，想办法保就业、稳就业。家庭经济困难大学生的就业问题牵动着社会，也关系着每一个脱贫家庭今后的发展。家庭经济困难大学生顺利就业，实现满意就业，对一个脱贫中的家庭而言无疑是重要的，其将为家庭解决重要的经济负担，也为乡村振兴发挥着关键作用。以往的研究中，以贫困大学生/家庭经济困难开展的相关就业心理领域问题的研究较少。因此，本书处于高等院校对脱贫家庭大学生帮扶的政策背景及研究对象的缺位，家庭经济困难大学生所处环境、成长发展历程、心理及社会资源等都与职业决策自信有较大的相关。前文所述的相关理论研究对提供家庭经济困难大学生未来时间洞察力对职业决策自我效能感的教育实践还难以提供良好的理论指导，为此有必要对家庭经济困难大学生这一特定群体展开相应的研究，探讨其未来时间洞察力、心理资本、领悟社会支持与职业决策自我效能感的关系作用，以期为相关部门制定家庭经济困难大学生就业帮扶政策以及高校开展家庭经济困难大学生就业指导提供理论支持及对策建议。

（2）中介作用机制因素的不足。从前文的综述，我们不难发现，已有不少学者开展过未来时间洞察力、心理资本、领悟社会与职业决策自我效能感之间关系的探讨，证明了两两间的相关关系或预测关系，同时也有不少学者研究了这四个变量中三个变量间的关系作用。但还缺乏从积极心理学角度考察未来时间洞察力对职业决策自我效能感之间的中介因素研究。心理资本是积极心理中的核心素养，对个体的职业选择自信与发展具有较好的影响作用。当前的研究，引入心理资本变量探讨未来时间洞察力对职业决策自我效能感关系的作用机理的研究，以及心理资本与领悟社会支持在这两者之间发挥什么作用的研究，目前还没有足够的研究来佐证，同时对于这四个因素之间可能存在的作用路径分析，也缺乏足够的实证基础。

（3）从培养积极心理角度研究的不足。家庭经济困难大学生就业教育管理实践是一种主体与客体相互关联的活动，教育环境、社会政策背景对帮扶家庭经济困难大学生就业无疑是重要的，而这客体环境能够促进家庭经济困难大学生顺利就业则有赖于其自身主体的积极接受与感知能力，因此家庭经济困难大学生的就业教育管理是以人为主的活动。

3.2　研究目的

家庭经济困难大学生大部分来自农村，承载了其家庭的重要希望。家庭经济困难大学生的就业问题，牵动了一个个脱贫中的家庭，他们的顺利就业，对家庭脱贫走向振兴、促进社会和谐与稳定发展具有重要意义。现有调查显示，导致家庭经济低下的原因有很多，如环境闭塞、生产技术落后等客观性条件原因，制约了他们脱贫振兴。家庭经济水平对其子女的就业带来的影响是多方面的，如就业资源供给、子女就业自信等问题。团中央2021年的大样本高校毕业生数据调查也为我们提供了证据，家庭经济困难学生，特别是一般院校的家庭经济困难学生成为当前就业困难的核心，主要的原因是其学生的主体原因，如就业焦虑、就业积极心理资本、就业不自信等心理原因。虽然产生这些原因与客观环境的影响不可分，但是家庭经济困难学生的就业心理问题已是高校及相关政府部门不能忽视的问题。国家也针对家庭经济困难大学生开展了系列的就业帮扶行动，帮助他们最大可能地实现就业。而实际情况中，部分家庭经济困难大学生由于自身条件制约，如缺乏自信等，难以发挥自身的最大优势，获得更满意的就业。教育扶贫的目的是在于更好的扶志与扶智，从本质上更好地帮扶经济困难人口实现脱贫实现振兴。要实现教育扶贫，不仅是传授家庭经济困难人口知识与技能，提高摆脱贫困的能力，更要从心智上进行帮扶，让他们获得更加健康的心态、更积极的心理品质，获得更高的自信，从而能巩固脱贫成果，能自我实现家庭的振兴。因此，本书把研究对象定位于家庭经济困难大学生群体，开展职业决策自我效能感研究，以期为开展高校家庭经济困难大学生的就业帮扶提供理论与参考依据。

结合国内外已有文献，针对上述相关研究的不足，确定以家庭经济困难大学生为研究对象，考察未来时间洞察力对职业决策自我效能感这一关系的作用机制研究为目的，揭示两者之间更具体的机理模型，为开展大学生的未来时间认知、职业就业发展培养提供更具体的指导。这一个初衷是非常好的。本书也基于这一个出发点，尝试再进一步挖掘未来时间洞察力对职业决策自我效能感作用机理中的影响因素，将心理资本、领悟社会支持纳入两者关系中做中介效应研究。因此重点研究内容包括：(1)高校家庭经济困难大学生的未来时间洞察力、心理资本、领悟社会支持和职业决策自我效能感的现状特点分析；(2)未来时间洞察力对职业决策自我效能感具有预测作用；(3)心理资本、领悟社会支持的单独中介作用；(4)心理资本和领悟社会支持的链式中介作用。

因此，本书关于该主题的探讨主要围绕三个方面目的展开：(1)揭示家庭经济困难大学生未来时间洞察力、心理资本、领悟社会支持和职业决策自我效能感的现状特点，了解在性别、生源地、学科等不同人口学因素上的水平差异情况，以此有利于高校加深对家庭经济困难大学生群体的了解，为实现就业精准帮扶提供理论依据和数据支持；(2)心理资本、领悟社会支持中介作用机制研究，结合积极情绪拓展－建构理论、心理资本理论，本书构建了家庭经济困难大学生心理资本、领悟社会支持在未来时间洞察力对职业决策自我效能感预测作用中的独立中介效应模型；（3）心理资本和领悟社会支持的链式中介作用研究，本书试图以积极心理学中的三大支柱为原型，构建积极人格、积极情绪与积极社会支持为积极心理体系，构建家庭经济困难大学生心理资本、领悟社会支持在未来时间洞察力对职业决策自我效能感关系之间的链式中介作用模型。

第4章　研究过程

4.1　研究假设

职业决策自我效能感对家庭经济困难大学生顺利就业、开启良好职业生涯适应具有重要作用。根据上文研究综述,职业决策自我效能感与就业压力、职业生涯适应力、职业成功都有一定程度的相关关系和预测作用。因此,开展家庭经济困难大学生职业决策自我效能感的形成机制研究对高校家庭经济困难生职业就业指导有重要意义。未来时间洞察力是一个新的研究热点,是关于未来自我感知和未来意识的一种人格特质。未来时间洞察力高的个体,对未来认知与意识更积极,对自己的职业发展给予更高的关注与解决尝试。此外,拥有积极的心理资本的个人,更能感受来自外界的社会支持资源,具有更积极的情绪与积极的认知。相关研究显示,未来时间洞察力显著影响职业决策自我效能感。因此,本书从未来时间洞察力、心理资本、领悟社会支持三个方面考察对家庭经济困难大学生职业决策自我效能感的作用机制。一方面,通过采集数据进行定量分析,探索描述家庭经济困难大学生在这几方面心理变量的总体状况,另一方面,通过相关分析、回归分析和中介变量分析,了解当前家庭经济困难大学生群体未来时间洞察力、领悟社会支持、心理资本和职业决策自我效能感之间的关系和机制。笔者根据已有研究和文献综述提出以下假设:

(1)家庭经济困难大学生未来时间洞察力、心理资本、领悟社会支持和职业决策自我效能感水平中等。家庭经济困难大学生未来时间洞察力、心理资本、领悟社会支持和职业决策自我效能感水平在人口学变量(性别、生源地、学科、曾有无留守经历、年级等)存在显著差异。

(2)家庭经济困难大学生未来时间洞察力、心理资本、领悟社会知识和职业决策自我效能感两两关系存在显著相关。

(3)心理资本在家庭经济困难大学生未来时间洞察力和职业决策自我效能感关系之间具有中介作用。

(4)领悟社会支持在家庭经济困难大学生未来时间洞察力和职业决策自我效能感关系之间具有中介作用。

(5)心理资本和领悟社会支持在家庭经济困难大学生未来时间洞察力和职业决策自我效能关系之间存在链式中介作用。研究假设模型如图 4-1 所示。

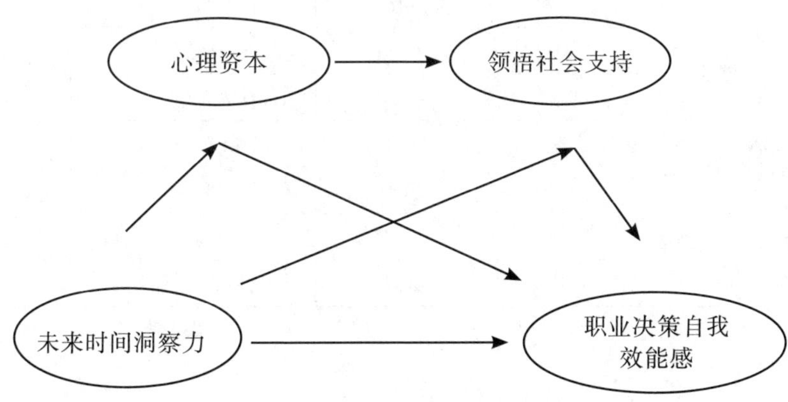

图 4-1　链式中介假设模型图

4.2　研究对象

本书选取广西某地市一所一般院校的在校家庭经济困难大学生,家庭经济困难标准采取该校的认定标准,抽取该校认定的家庭经济困难大学生为被试。采用群体抽样法,随机发放问卷 695 份,以问卷星线上问卷作答形式,回收 695 份,回收率 100%,依据被试作答规律明显性和作答时间过短,筛选无效问卷 16 份并删除,剩余 679 份有效问卷,有效率为 97.7%。研究被试分布情况如表 4-1 所示。

表 4-1 研究被试分布情况

人口学变量	类别	数量	百分比(%)	总计
性别	男	78	11.5%	679
	女	601	88.5%	
年级	大一	264	38.9%	679
	大二	132	19.4%	
	大三	174	25.6%	
	大四	109	16.1%	
学科	理工科	133	19.6%	679
	文科	546	80.4%	
生源地	农村	613	90.3%	679
	城镇	66	9.7%	
是否单亲家庭	是	114	16.8%	679
	否	565	83.2%	
是否曾有留守经历	是	437	64.4%	679
	否	242	35.6%	

4.3 研究方法

本书采用的研究方式是文献综述法、问卷调查法、实证研究法。

4.3.1 文献综述法

文献综述法是开展学术研究的一种基本方法，沿用较久并具备有效性。本书采用文献综述法，主要是通过查阅、收集并梳理国内外未来时间洞察力、心理资本、领悟社会支持和职业决策自我效能感的相关资料，通过比较研究、逻辑分析等思维方法对文献资料进行审慎性评价，结合本书的研究目的，从中找寻目前开展家庭经济困难大学生职业决策自我效能感的不足，包括方法性的、理论性的，以此引出本研究的思路，选取有效的研究方法和研究工作，探讨该研究的可能创新性以及未来研究的空间。

通过文献收集梳理与述评，本书发现职业决策自我效能感的提升不能忽略个体积极心理资本、积极的社会支持体验和积极的认知因素等三方积极力量。应综合性构建家庭经济困难大学生职业决策自我效能感的提升研究，在文献分析述评的基础上，结合研究目的，科学界定家庭经济困难大学生未来时间洞察力、心理资本、领悟社会支持和职业决策自我效能感的概念与内涵、基础理论，建构未来时间洞察力、心理资本、领悟社会支持和职业决策自我效能感的关系模型，为本书开展问卷调查及分析奠定理论基础。

4.3.2 问卷调查法

问卷调查法主要是通过书面问卷形式，采用严格设计的符合测量标准的测试项目或问题，以科学的方法选取研究被试，实施有效性指导语，并发放调查问卷，回收问卷，最后整理问卷收集研究资料的数据的一种方法。问卷调查法广泛应用于心理行为研究当中。家庭经济困难大学生未来时间洞察力与职业决策自我效能感的关系研究同样适用该方法。本书采用的问卷主要是来自文献综述中相关研究已采用的问卷工具，在评价对象适用性、问卷本身效度和信度条件下，选择本书的四个变量测量工具。问卷计分采用李克特等级量表形式。本问卷研究对象为家庭经济困难大学生，有意识扩大样本规模，使样本更具有代表性。由于研究的内容关注于个体的积极力量对职业决策自我效能感的影响，问卷采用班级集体施测的方法，避免积极的学生主动选答问卷参与测验。同时问卷调查过程中采用了有效指导语，强调保密原则，隐蔽研究目的，征得研究对象知情同意，从程序上提高问卷调查研究的有效性和可靠性。

4.3.3 实证研究法

实证研究法主要是指使用数量分析技术，分析并确定研究当中有关变量之间的相互关系及作用机制，以数量关系分析说明变量关系的一种研究方法。在本书中，实证研究法主要是用于分析家庭经济困难大学生未来时间洞察力、心理资本、领悟社会支持和职业决策自我效能感四个变量的特点，以及分析这四者之间的相互关系及作用机制模型。该研究实证研究方法使用的统计分析工具是 SPSS22.0。

本书采用 Harman 单因素检验方法进行统计诊断共同方法偏差问题，采用独立样本描述统计、T 检验、单因素方差分析、非参数检验等方法进行家庭经济困难大学生未来时间洞察力、心理资本、领悟社会支持和职业决策自我效能感这四个变量的现状及人口学因素上的差异状况；采用相关分析检验未来时间洞察力、心理资本、领悟社会支持和职业决策自我效能感两两之间的相关关系；采用中介效应检验方法进行未来时间洞察力对职业决策自我效能感的预测作用，检验心理资本、领悟社会支持的单独中介作用，检验心理资本和领悟社会支持的链式中介作用。最后，在揭示变量特点、验证关系模型与理论分析的基础上，本书推导出基本的研究结论，并提出相应的建议与对策。

4.4 研究工具

4.4.1 未来时间洞察力量表

本书中，未来时间洞察力测量工具是采用宋其争（2004）编制的一般未来时间洞察力量表（Future Time Perspective Scale），该量表共 20 个题项，包含 5 个维度，分别为未来承诺、未来效能、远目标定向、未来意向和目的意识。量表测量个体对未来发展的设想和展望，主要是对未来自我发展的可能性的认知、情感和行为倾向，是可以进行大学生未来时间洞察力的测量工具。量表是采用 4 点计分法，总得分越高，表示未来时间洞察力程度越高，具有良好信效度。本书中，也对该量表进行问卷内部一致性检验，得 Cronbach’S α 为 0.853。

4.4.2 领悟社会支持量表

领悟社会支持测量工具采用姜乾金在 Zimet 等（1988）编制的量表基础上修订的领悟社会支持量表（PSSS），量表共有 12 个题项，包含家庭支持、朋友支持、他人支持三个维度，每个维度含 4 个题项。采用 7 点计分法，选项从 1= "极不同意" 到 7= "极同意"，总分得分越高，表示其领悟的社会支持程度越高。该问卷的内部一致性系数 0.86。由于本书研究对象为大学生，对该量表内 "领导、同事" 进行了修改，改为 "老师、朋友"。本书中对该问卷内部一致性进行了再次检验，系数为 0.946。

4.4.3 心理资本量表

本书中，采用张阔、张赛、董颖红（2010）编制的《积极心理资本问卷（PPQ）》。积极心理资本问卷共含 26 个题项、4 个维度，其中自我效能维度 7 个题项、韧性维度 7 个题项、希望维度 6 个题项、乐观维度 6 个题项。量表选项采用 7 点计分法，其中正向计分 21 项，反向计分 5 项。关于积极心理资本的 4 因素结构被比较多的学者接受并运用。因此本书也沿用该 4 因素的测量问卷工具。本书使用该量表时对量表信度进行了重测，总量表内部一致性系数为 0.888。

4.4.4 职业决策自我效能感量表

职业决策自我效能感测量工具采用彭永新和龙立荣编制的《大学生职业决策自我效能感量表》（2001）。该量表是将 Taylor 和 Betz 编制的职业决策自我效能感量表（CDMSE）进行翻译成中文，并修订，以我国大学生作为研究被试，采用访谈法，结合我国实际，对原量表题项进行了删减、修改，和增加一些题项。他们编制的《大学生职业决策自我效能感量表》包含 5 个维度，共 39 个题项。各维度题项的分布是，自我评价维度包含 6 个题项、收集信息维度包含 9 个项目、选择目标维度包含 9 个项目、制定规划维度包含 8 个题项、问题解决维度包含 7 个题项。量表题项选项采用 5 点计分法，即每个题项含 5 个选项，从 1= "完全没有信息" 到 5= "完全有信心"。该量表具有良好信效度。本书在使用该问卷中，也对其内部一致性系数进行了重新测量，信度系数为 0.986。

4.5　研究程序

采用群体抽样法，以学校评定鉴别的家庭经济困难大学生为研究对象，对他们进行随机调查，采用问卷星的方式收集问卷。主试联系高校各学院负责学生资助工作的老师，确定被试群体，召集被试集中进行团体测试，由主试口头说明调查指导语，包括说清楚调查目的、答题方式、注意事项与保密原则等，同时在问卷星工具上也做好相关提示，确保每位被试能清楚了解调查作答事项，然后统一进行作答填写。调查完以后，通过问卷星网站直接下载原始数据。对原始数据进行初步整理，删除无效问卷，将有效问卷数据导入 SPPS 统计软件，进行数据分析。

4.6　数据处理

本书所有数据统计均用 SPSS 20.0 软件进行统计分析，采用分析方法有描述性统计、独立样本 t 检验、单因素方差分析等。运用 SPSS PROCESS 插件进行模型建构和验证。

第 5 章　研究结果

5.1　共同方法偏差的检验

本研究是采用问卷调查法对家庭经济困难大学生未来时间洞察力、领悟社会支持、心理资本和职业决策自我效能感进行测量，有可能出现共同方法偏差。为确保问卷调查的信度和效度，本研究从两方面进行了控制，一是采用程序控制，在研究程序方面使用了匿名填写、部分条目反写，并在程序中严格要求遵守保密原则，以此降低被试赞许性等方面因素可能造成的共同方法偏差；二是采用 Harman 单因素检验方法进行统计诊断共同方法偏差（Podsakoff et al.，2003）。检验结果显示，共有 12 个因子的特征值大于 1，表 5-1 呈现了该 12 个因子的情况。

表 5-1　共同方法偏差检验结果

成分	初始特征值			提取载荷平方和		
	总计	方差百分比	累积 %	总计	方差百分比	累积 %
1	37.749	38.916	38.916	37.749	38.916	38.916
2	6.870	7.083	45.999	6.870	7.083	45.999
3	4.408	4.544	50.543	4.408	4.544	50.543
4	3.848	3.967	54.511	3.848	3.967	54.511
5	2.742	2.827	57.337	2.742	2.827	57.337
6	1.986	2.048	59.385	1.986	2.048	59.385
7	1.591	1.640	61.025	1.591	1.640	61.025

续表

成分	初始特征值			提取载荷平方和		
	总计	方差百分比	累积 %	总计	方差百分比	累积 %
8	1.497	1.543	62.568	1.497	1.543	62.568
9	1.287	1.327	63.896	1.287	1.327	63.896
10	1.276	1.316	65.211	1.276	1.316	65.211
11	1.182	1.219	66.430	1.182	1.219	66.430
12	1.064	1.097	67.527	1.064	1.097	67.527

根据表 5-1 可知，第一个因子可以解释 38.9% 的变异量，低于临界标准 40%，因此本研究数据不存在严重的共同方法偏差。

5.2 家庭经济困难大学生未来时间洞察力的现状

5.2.1 家庭经济困难大学生未来时间洞察力的总体情况

为了解家庭经济困难大学生未来时间洞察力的总体情况，本研究对其调查情况进行描述性统计分析，结果如表 5-2 所示。

表 5-2 家庭经济困难大学生未来时间洞察力的总体情况

变量	人数	均值	标准差	项目数
行为承诺	679	2.92	0.58	4
未来效能	679	3.03	0.67	3
远目标定向	679	2.93	0.59	5
未来目的意识	679	2.97	0.63	4
未来意向	679	3.24	0.47	4
未来时间洞察力	679	3.02	0.43	20

家庭经济困难大学生未来时间洞察力量表是采用李克特 4 点计分方法，所以采用 2.5 为理论中值。量表内含 5 题方向计分，转换计分后，测量总量总分越高，表示家庭经济困难大学生的未来时间洞察力越高。

从表 5-2，我们可看出，家庭经济困难大学生未来时间洞察力的平均得分为 3.02，多于理论中值，说明家庭经济困难大学生的未来时间洞察力较好。家庭经济困难大学生在未来时间洞察力五个维度上的得分都高于理论中值，其中未来意向均分最高，行为承诺最低。五个维度的均分从高到低的排序为未来意向、未来效能、未来目的意识、远目标定向、行为承诺。

5.2.2 家庭经济困难大学生未来时间洞察力的性别差异

为了解性别因素是否在家庭经济困难大学生未来时间洞察力上存在差异，研究对调查数据进行 t 检验，结果如表 5–3 所示。

表 5–3　家庭经济困难大学生未来时间洞察力及各维度在性别上差异情况

变量	男		女		t	P
	平均值	标准差	平均值	标准差		
行为承诺	3.01	0.60	2.91	0.58	1.429	0.541
未来效能	3.1	0.71	3.03	0.67	0.913	0.452
远目标定向	3.04	0.58	2.92	0.59	1.662	0.499
未来目的意识	2.87	0.69	2.99	0.62	–1.627	0.145
未来意向	3.28	0.50	3.24	0.47	0.739	0.475
未来时间洞察力	3.06	0.43	3.02	0.43	0.807	0.972

从表中可以看出，家庭经济困难大学生未来时间洞察力及各维度在性别因素上不存在显著差异，也就是说家庭经济困难男大学生和家庭经济困难女大学生的未来时间洞察力总分及行为承诺、未来效能、远目标定向、未来目的意识、未来意向方面的差异都不显著。

5.2.3 家庭经济困难大学生未来时间洞察力在学科方面的差异检验

对调查数据进行 t 检验，考察家庭经济困难大学生未来时间洞察力在学科方面是否存在显著差异，统计分析结果见表 5–4。

表 5-4　家庭经济困难大学生未来时间洞察力及各维度在学科上差异情况

变量	理工科		文科		t	P
	平均值	标准差	平均值	标准差		
行为承诺	2.94	0.57	2.92	0.58	0.381	0.819
未来效能	3.11	0.73	3.02	0.66	1.399*	0.020
远目标定向	2.88	0.63	2.95	0.58	−1.200	0.172
未来目的意识	3.01	0.63	2.96	0.63	0.890	0.699
未来意向	3.25	0.46	3.23	0.48	0.332	0.274
未来时间洞察力	3.04	0.45	3.24	0.43	0.544	0.140

注：* 表示 $p<0.05$，** 表示 $p<0.01$，*** 表示 $p<0.001$

从表中可以得到，家庭经济困难大学生未来时间洞察力及行为承诺、远目标定向、未来目的意识、未来意向维度上不存在显著性差异。也就是说，家庭经济困难男大学生与家庭经济困难女大学生在未来时间洞察力总分及行为承诺、远目标定向、未来目的意识、未来意向水平上没有显著性差异。然而，在未来效能维度上，家庭经济困难男大学生和家庭经济困难女大学生表现出了显著性差异，并且家庭经济困难男大学生的未来效能得分显著高于家庭经济困难女大学。

5.2.4 家庭经济困难大学生未来时间洞察力及各维度在生源地因素上的差异检验

为了解家庭经济困难大学生未来时间洞察力及各维度在生源地因素上是否存在显著性差异，研究对调查数据进行 t 检验，统计分析结果如表 5-5 所示。

表 5-5　家庭经济困难大学生未来时间洞察力及各维度在生源地方面差异情况

变量	农村		城镇		t	P
	平均值	标准差	平均值	标准差		
行为承诺	2.91	0.58	3.06	0.57	−2.009	0.647
未来效能	3.03	0.67	3.08	0.70	−0.490	0.578
远目标定向	2.91	0.58	3.05	0.63	−1.697	0.560
未来目的意识	2.98	0.64	2.98	0.61	−0.031	0.568

续表

变量	农村		城镇		t	P
	平均值	标准差	平均值	标准差		
未来意向	3.24	0.47	3.25	0.51	-0.153	0.314
未来时间洞察力	3.02	0.43	3.08	0.44	-1.198	0.977

注：* 表示 p<0.05，** 表示 p<0.01，*** 表示 p<0.001

根据表中数值显示，家庭经济困难大学生未来时间洞察力及各维度在生源地因素上不存在显著性差异。即家庭经济困难男大学生和家庭经济困难女大学生在未来时间洞察力总分及行为承诺、未来效能、远目标定向、未来目的意识、未来意向水平上没有显著性差异。

5.2.5 家庭经济困难大学生未来时间洞察力在是否单亲家庭因素上的差异检验

为了解家庭经济困难大学生为时间洞察力及各维度在是否单亲家庭因素上是否存在显著差异，本研究对数据进行 t 检验，结果见表 5-6。

表 5-6 家庭经济困难大学生未来时间洞察力及各维度在是否单亲家庭方面差异情况

变量	单亲家庭		非单亲家庭		t	P
	平均值	标准差	平均值	标准差		
行为承诺	3.02	0.59	2.90	0.58	1.924	0.716
未来效能	3.11	0.67	3.02	0.67	1.186	0.785
远目标定向	3.04	0.59	2.91	0.59	2.129	0.436
未来目的意识	3.06	0.59	2.91	0.59	1.518	0.613
未来意向	3.28	0.49	3.23	0.47	0.913	0.185
未来时间洞察力	3.09	0.47	3.01	0.42	2.118*	0.021

注：* 表示 p<0.05，** 表示 p<0.01，*** 表示 p<0.001

从表中获知，家庭经济困难大学生未来时间洞察力总分在是否单亲家庭上存在显著性差异，在行为承诺、未来效能、远目标定向、未来目的意识、未来意向上不存在显著性差异。也就是说，来自单亲家庭的家庭经济困难大学生与非单亲家庭的家庭经济困难大学生在未来时间洞察力上的差异是显著的,并且单亲家庭的家庭经济困难大学生未来时间洞察力得分显著高于非单亲家庭经济困难大学生,然而在各维度(行为承诺、未来效能、远目标定向、未来目的意识)的差异性不显著。

5.2.6 家庭经济困难大学生未来时间洞察力及各维度在曾是否有留守经历方面的差异性检验

进一步了解曾有无留守经历的家庭经济困难大学生的未来时间洞察力及各维度是否存在显著性差异,研究对调查数据进行 t 检验,统计分析结果见表 5-7。

表 5-7 家庭经济困难大学生未来时间洞察力及各维度在曾有无留守经历方面差异情况

变量	曾有留守经历		无留守经历		t	P
	平均值	标准差	平均值	标准差		
行为承诺	2.89	0.58	2.98	0.58	–1.904	0.975
未来效能	3.00	0.68	3.09	0.66	–1.711	0.624
远目标定向	2.91	0.59	2.96	0.59	–0.970	0.932
未来目的意识	2.94	0.62	3.03	0.65	–1.718	0.313
未来意向	3.23	0.48	3.25	0.47	–0.642	0.720
未来时间洞察力	2.99	0.43	3.07	0.43	–1.957	0.677

注:* 表示 $p<0.05$, ** 表示 $p<0.01$, *** 表示 $p<0.001$

从表中获知,家庭经济困难大学生未来时间洞察力及各维度在是否曾有留守经历因素上不存在显著性差异。也就是说,过去有留守经历的家庭经济困难大学生与没有留守经历的家庭经济困难大学生的未来时间洞察力及未来承诺、未来效能、远目标定向、未来目的意识、未来意向水平上的差异不显著。

5.2.7 家庭经济困难大学生未来时间洞察力及各维度在年级上的差异检验

为了解家庭经济困难大学生未来时间洞察力及各维度在年级因素上是否存在显著性差异,本研究对样本数据进行了非参数检验——

Kruskal–Wallis 检验,统计分析结果见表 5–8。

表 5–8　家庭经济困难大学生未来时间洞察力及各维度在年级方面差异情况

变量	大一	大二	大三	大四	H（K）	p
	秩平均值	秩平均值	秩平均值	秩平均值		
行为承诺	331.09	318.98	355.53	362.22	4.655	0.199
未来效能	341.40	348.56	334.26	335.41	0.486	0.922
远目标定向	348.39	329.27	337.34	336.92	0.949	0.814
未来目的意识	357.38	328.49	353.59	290.15	10.575*	0.014
未来意向	347.56	324.83	353.64	318.27	3.447	0.328
未来时间洞察力	348.59	328.55	348.43	319.59	2.458	0.483

注：* 表示 $p<0.05$，** 表示 $p<0.01$，*** 表示 $p<0.001$

根据表格数据结果显示,家庭经济困难大学生未来时间洞察力及行为承诺、未来效能、远目标定向、未来意向在年级因素上不存在显著性差异,在未来目的意识上存在有显著性差异。也就是说,不同年级的家庭经济困难大学生未来时间洞察力总分及行为承诺、未来效能、远目标定向、未来意向上的差异不显著,但未来目的意识的差异显著。

5.3　家庭经济困难大学生心理资本的现状

5.3.1 家庭经济困难大学生心理资本支持总体情况

采用描述统计分析家庭经济困难大学生心理资本及各维度的情况,对调查数据分析结果见表 5–9。

表 5–9　家庭经济困难大学生心理资本及各维度总体情况

变量	人数	均值	标准差	项目数
自我效能	679	4.23	0.89	7
韧性	679	4.28	0.89	7
希望	679	5.02	1.00	6

续表

变量	人数	均值	标准差	项目数
乐观	679	4.89	0.99	6
心理资本	679	4.61	0.80	26

注：* 表示 p<0.05，** 表示 p<0.01，*** 表示 p<0.001

家庭经济困难大学生心理资本量表采用李克特 7 点计分法，采用 4 为理论中值，量表含 5 个反向计分题，转换计分后，量表总分得分越高，表示家庭经济困难大学生心理资本水平越高。从表中获知，家庭经济困难大学生心理资本总体处于中等偏上水平（M=4.61>4，SD=0.80），在各维度水平上均高于理论中值，希望维度水平最高（M=5.02，SD=1.00），自我效能维度水平最低（M=4.23，SD=0.89）。家庭经济困难大学生心理资本各维度水平从高到低排序是希望、乐观、韧性、自我效能。

5.3.2 家庭经济困难大学生心理资本在性别因素上的差异检验

了解家庭经济困难大学生心理资本及各维度在性别因素上是否存在显著性差异，研究采用 t 检验对调查数据进行统计分析，结果见表 5-10。

表 5-10　家庭经济困难大学生心理资本及各维度在性别上差异情况

变量	男		女		t	P
	平均值	标准差	平均值	标准差		
自我效能	4.50	0.93	3.02	0.43	2.831	0.229
韧性	4.59	1.04	4.25	0.87	3.206*	0.010
希望	5.14	1.10	5.01	0.99	1.016	0.087
乐观	4.94	0.93	4.88	0.99	0.459	0.466
心理资本	4.79	0.81	4.59	079	2.147	0.381

注：* 表示 p<0.05，** 表示 p<0.01，*** 表示 p<0.001

可见，家庭经济困难大学生心理资本总体及自我效能、希望、乐观维度在性别因素上差异性不显著。家庭经济困难大学生在韧性维度上具有显著性性别差异，也就是说家庭经济困难男大学生与家庭经济困难女大学生的韧性具有显著差异，且家庭经济困难男大学生韧性水平显著高于家庭经济困难女大学生。

5.3.3 家庭经济困难大学生心理资本在学科因素上的差异检验

该步骤检验家庭经济困难大学生心理资本及各维度在学科因素上是否存在显著性差异，采用 t 检验方法对数据进行统计分析，结果见表 5-11。

表 5-11　家庭经济困难大学生心理资本及各维度在学科上差异情况

变量	理工科		文科		t	P
	平均值	标准差	平均值	标准差		
自我效能	4.32	0.98	4.21	0.86	1.217	0.027
韧性	4.49	1.09	4.24	0.83	3.056**	0.000
希望	5.05	1.11	5.02	0.98	0.219	0.182
乐观	5.01	1.05	4.86	0.97	1.579	0.242
心理资本	4.72	0.93	4.58	0.76	1.752*	0.004

注：* 表示 $p<0.05$，** 表示 $p<0.01$，*** 表示 $p<0.001$

从表中可见，家庭经济困难大学生在心理资本的自我效能、希望、乐观维度上不存在学科的显著性差异，也就是说理工科、文科的家庭经济困难大学生，其自我效能、希望、乐观水平的差异性不显著。而家庭经济困难大学生在心理资本的总体情况上存在显著性差异，这显著性差异是理工科的家庭经济困难大学生心理资本得分显著高于文科的家庭经济困难大学生。在韧性维度上，不同学科的家庭经济困难大学生存在极显著性差异，并且是理工科的家庭经济困难大学生韧性得分显著高于文科的家庭经济困难大学生。

5.3.4 家庭经济困难大学生心理资本在生源地因素上的差异检验

为了解在生源地因素上，家庭经济困难大学生心理资本及各维度的显著性差异情况，研究采用 t 检验进行数据统计分析，结果见表 5-12。

表 5-12 家庭经济困难大学生心理资本及各维度在生源地差异情况

变量	农村		城镇		t	P
	平均值	标准差	平均值	标准差		
自我效能	4.23	0.88	4.26	0.96	-0.310	0.459
韧性	4.31	0.89	4.08	0.93	2.019	0.972
希望	5.03	1.00	5.03	1.01	-0.041	0.863
乐观	4.89	0.98	4.89	1.11	0.032	0.178
心理资本	4.61	0.79	4.56	0.83	0.475	0.880

注：* 表示 $p<0.05$，** 表示 $p<0.01$，*** 表示 $p<0.001$

表中可见，家庭经济困难大学生心理资本及各维度水平在生源地因素上不存在显著性差异。也就是说，来自农村和来自城镇的家庭经济困难大学生的心理资本及自我效能、韧性、希望、乐观水平上的差异不显著。

5.3.5 家庭经济困难大学生心理资本在是否单亲家庭因素上的差异检验

检验来自单亲家庭的家庭经济困难大学生，他们的心理资本及维度水平是否存在显著性差异，研究采用 t 检验进行数据统计分析，结果见表 5-13。

表 5-13 家庭经济困难大学生心理资本及各维度在是否单亲家庭因素上的差异情况

变量	单亲家庭		非单亲家庭		t	P
	平均值	标准差	平均值	标准差		
自我效能	3.01	0.97	4.20	0.87	2.354	0.123
韧性	4.34	1.07	4.28	0.85	0.637*	0.001
希望	5.23	1.01	4.99	0.99	2.321	0.916
乐观	4.98	1.13	4.87	0.96	1.089*	0.005
心理资本	4.74	0.90	4.58	0.77	1.904*	0.019

注：* 表示 $p<0.05$，** 表示 $p<0.01$，*** 表示 $p<0.001$

根据表中数据分析结果，可知家庭经济困难大学生的自我效能、希望两个维度在是否单亲家庭因素上不存在显著性差异，即来自单亲家庭和非单亲家庭的家庭经济困难大学生的自我效能、希望水平差异不显著。而家庭经济困难大学生心理资本总分及韧性、乐观维度上在是否单亲家庭因素上具有显著性差异,即来自单亲家庭经济困难生和非单亲家庭的心理资本及韧性乐观水平差异具有显著性,且是单亲家庭的经济困难大学生心理资本得分及韧性、乐观维度得分显著高于非单亲家庭的。

5.3.6 家庭经济困难大学生心理资本在曾有无留守经历因素上的差异检验

为了解家庭经济困难大学生心理资本及各维度在曾有无留守经历因素上是否存在显著性差异,研究对调查数据进行t检验,统计分析结果见表5-14.。

表5-14 家庭经济困难大学生心理资本及各维度在曾有无留守经历因素上的差异情况

变量	曾有留守经历		无留守经历		t	P
	平均值	标准差	平均值	标准差		
自我效能	4.20	0.87	4.30	0.92	-1.410	0.459
韧性	4.26	0.85	4.34	0.96	-1.119*	0.036
希望	5.00	0.98	5.07	1.05	-0.855	0.086
乐观	4.85	0.98	4.95	0.99	-1.274	0.931
心理资本	4.58	0.78	4.67	0.82	-1.372	0.351

注:* 表示 $p<0.05$,** 表示 $p<0.01$,*** 表示 $p<0.001$

从表中数据得知,家庭经济困难大学生的心理资本总体及自我效能、希望、乐观维度在曾有无留守经历因素方面不存在显著性差异。即曾有留守经历和无留守经历的家庭经济困难大学生的心理资本及自我效能、希望、乐观水平差异性不显著。而在韧性维度上,家庭经济困难大学生曾有无留守经历,其水平存在显著性差异,即曾有留守经历的家庭经济困难大学生与无留守经历的家庭经济困难大学生的韧性水平差异显著,且曾有留守经历的家庭经济困难大学生韧性得分显著低于无留守经历的家庭经济困难大学生。

5.3.7 家庭经济困难大学生心理资本在年级因素上的差异检验

为了解家庭经济困难大学生心理资本心理资本及各维度在年级因素上是否存在显著性差异，本研究对调查数据进行单因素方差分析，方差齐性，可采用该检验结果，统计情况见表 5-15。

表 5-15　家庭经济困难大学生心理资本及各维度在年级方面差异情况

变量	大一		大二		大三		大四		F	p
	均值	标准差	均值	标准差	均值	标准差	均值	标准差		
自我效能	4.18	0.86	4.19	0.79	4.27	0.96	4.34	0.95	1.132	0.335
韧性	4.31	0.90	4.28	0.76	4.29	0.99	4.23	0.86	0.227	0.878
希望	5.08	0.98	4.96	0.97	5.03	1.10	4.96	0.94	0.604	0.613
乐观	4.95	0.92	4.88	0.96	4.84	1.03	4.78	1.06	0.931	0.425
心理资本	4.63	0.77	4.58	0.73	4.60	0.87	4.58	0.81	0.172	0.916

注：* 表示 $p<0.05$，** 表示 $p<0.01$，*** 表示 $p<0.001$

从表中可知，家庭经济困难大学生心理资本及各维度在年级因素方面不存在显著性差异。即不同年级的家庭经济困难大学生的心理资本及自我效能、韧性、希望、乐观水平差异不具有显著性。统计并进行了 LSD 事后多重检验，也没有发现在不同年级上存在有显著性差异。

5.4　家庭经济困难大学生领悟社会支持的现状

5.4.1 家庭经济困难大学生领悟社会支持总体情况

为了解家庭经济困难大学生领悟社会支持总体情况，研究对调查数据进行描述统计，结果呈现见表 5-16。

表 5-16　家庭经济困难大学生领悟社会支持及各维度总体情况

变量	人数	均值	标准差	项目数
家庭支持	679	4.81	1.23	4
朋友支持	679	5.00	1.19	4
他人支持	679	4.94	1.19	4
领悟社会支持	679	4.92	1.09	12

注：* 表示 $p<0.05$，** 表示 $p<0.01$，*** 表示 $p<0.001$

家庭经济困难大学生领悟社会支持量表采用李克特 7 点计分法，采用 4 为理论中值，量表总分得分越高，表示领悟社会支持程度越高。通过表中数据，我们可以发现，家庭经济困难大学生领悟社会支持总体情况中等偏上（M=4.92>4，SD=1.09），处于比较好的情况。家庭经济困难大学生在领悟社会支持各维度水平的均值都高于理论中值，情况处于偏上水平，其中最高的是朋友支持（M=5.00，SD=1.19），最低的是家庭支持（M=4.81，SD=1.23）。家庭经济困难大学生在领悟社会支持各维度得分从高到低排序是朋友支持、他人支持、家庭支持。

5.4.2 家庭经济困难大学生领悟社会支持在性别因素上的差异检验

为了解家庭经济困难大学生在性别因素上的领悟社会支持程度是否存在显著性差异，研究对调查数据进行 t 检验，统计分析结果见表 5-17。

表 5-17　家庭经济困难大学生领悟社会支持及各维度在性别因素上的差异情况

变量	男		女		t	P
	平均值	标准差	平均值	标准差		
家庭支持	4.67	1.23	4.84	1.23	-1.135	0.799
朋友支持	4.57	1.08	5.06	1.19	-3.407	0.184
他人支持	4.46	1.25	5.00	1.16	-3.869	0.987
领悟社会支持	4.57	1.02	4.97	1.09	-3.082	0.249

注：* 表示 $p<0.05$，** 表示 $p<0.01$，*** 表示 $p<0.001$

由表可知，家庭经济困难大学生领悟社会支持及维度水平上不存在显著的性别差异，即家庭经济困难男大学生的领悟社会支持及家庭支持、朋友支持、他人支持水平与家庭经济困难女大学生的差异性不显著。

5.4.3 家庭经济困难大学生领悟社会支持在学科因素上的差异检验

了解家庭经济困难大学生领悟社会支持及维度在学科因素上是否存有显著性差异，本研究对调查数据结果进行 t 检验，统计分析结果见表 5-18。

表 5-18　家庭经济困难大学生领悟社会支持及各维度在学科因素上的差异情况

变量	理工科		文科		t	P
	平均值	标准差	平均值	标准差		
家庭支持	4.93	1.21	4.79	1.24	1.185	0.311
朋友支持	5.09	1.24	4.97	1.17	0.852*	0.035
他人支持	4.98	1.21	4.93	1.19	0.397	0.667
领悟社会支持	5.00	1.11	4.90	1.08	0.953	0.557

注：* 表示 $p<0.05$，** 表示 $p<0.01$，*** 表示 $p<0.001$

根据统计结果，可知家庭经济困难大学生领悟社会支持及家庭支持、他人支持维度水平在学科维度上不存在显著性差异。即不同学科的家庭经济困难大学生领悟社会支持及家庭支持、他人支持水平差异性不显著。而在朋友支持维度上，不同学科的家庭经济困难大学生呈现出了显著性差异，理工科的家庭经济困难大学生的领悟朋友支持程度与文科的家庭经济困难大学生具有显著性差异，并且是理工科的家庭经济困难大学生领悟朋友支持程度显著高于文科家庭经济困难大学生。

5.4.4 家庭经济困难大学生领悟社会支持在生源地因素上的差异检验

为了解不同生源地的家庭经济困难大学生，其领悟社会支持及各维度水平上是否存在显著性差异，采用 t 检验进行差异分析，结果见表 5-19。

表 5-19　家庭经济困难大学生领悟社会支持及各维度在生源地科因素上的差异情况

变量	农村		城镇		t	P
	平均值	标准差	平均值	标准差		
家庭支持	4.82	1.21	4.77	1.45	0.346*	0.045
朋友支持	5.00	1.18	4.99	1.23	0.062	0.986
他人支持	4.94	1.19	4.93	1.13	0.117	0.184
领悟社会支持	4.92	1.08	4.89	1.15	0.197	0.828

注：* 表示 p<0.05，** 表示 p<0.01，*** 表示 p<0.001

从表中的结果可以看出，家庭经济困难大学生的领悟社会支持及朋友支持、他人支持维度水平在生源地因素上不存在显著性差异。来源农村或来源城镇的家庭经济困难大学生的领悟社会支持及朋友支持、他人支持维度水平上的差异性不显著。而在家庭支持维度上，不同生源地的家庭经济困难生其水平差异具有显著性，即来源农村和来源城镇的家庭经济困难大学生领悟家庭支持水平具有显著差异，并且是来源农村的家庭经济困难大学生领悟家庭支持维度水平显著高于来自城镇的家庭经济困难大学生。

5.4.5 家庭经济困难大学生领悟社会支持在是否单亲家庭因素上的差异检验

为了解家庭经济困难大学生领悟社会及各维度在是否单亲家庭因素上存在有显著性差异，采用 t 检验进行差异分析，统计结果见表 5-20。

表 5-20　家庭经济困难大学生领悟社会支持及各维度在是否单亲家庭因素上的差异情况

变量	单亲家庭		非单亲家庭		t	P
	平均值	标准差	平均值	标准差		
家庭支持	4.80	1.22	4.82	1.23	–0.133	0.586
朋友支持	5.14	1.24	5.02	1.19	1.461	0.106
他人支持	5.02	1.18	4.92	1.19	0.783	0.833
领悟社会支持	4.99	1.10	4.91	1.08	0.768	0.524

注：* 表示 p<0.05，** 表示 p<0.01，*** 表示 p<0.001

从表中可知，家庭经济困难大学生的领悟社会支持及各维度水平在是否单亲家庭因素上不存在显著性差异。也就是说，来自单亲家庭或者是来自非单亲家庭的家庭经济困难大学生的领悟社会支持及家庭支持、朋友支持、他人支持维度水平差异不显著。

5.4.6 家庭经济困难大学生领悟社会支持在是否曾有留守经历因素上的差异检验

为了解家庭经济困难大学生曾有无留守经历，其领悟社会支持及各维度上是否存在有显著差异，采用 t 检验进行差异检验，统计分析结果见表 5-21。

表 5-21　家庭经济困难大学生领悟社会支持及各维度在曾有无留守经历因素上的差异情况

变量	曾有留守经历		无留守经历		t	P
	平均值	标准差	平均值	标准差		
家庭支持	4.80	1.22	4.82	1.23	-0.133	0.586
朋友支持	5.14	1.24	5.02	1.19	1.461	0.106
他人支持	5.02	1.18	4.92	1.19	0.783	0.833
领悟社会支持	4.99	1.10	4.91	1.08	0.768	0.524

注：* 表示 $p<0.05$，** 表示 $p<0.01$，*** 表示 $p<0.001$

根据表中数据结果，可知家庭经济困难大学生领悟社会支持及各维度在曾有无留守经历因素上不存在显著性差异。即是，曾有留守经历或者无留守经历的家庭经济困难大学生的领悟社会支持及家庭支持、朋友支持、他人支持维度水平上的差异性不显著。

5.4.7 家庭经济困难大学生领悟社会支持在年级因素上的差异检验

为了解家庭经济困难大学生领悟社会支持及各维度在年级因素上是否存在显著性差异，采用单因素方差分析，方差不齐性，由此对样本数据采用了非参数检验——Kruskal-Wallis 检验，统计分析结果见表 5-22。

表 5-22　家庭经济困难大学生领悟社会支持及各维度在年级方面差异情况

变量	大一	大二	大三	大四	H（K）	p
	秩平均值	秩平均值	秩平均值	秩平均值		
家庭支持	340.93	333.10	347.65	333.89	0.543	0.909
朋友支持	340.88	328.72	348.85	337.40	0.821	0.844
他人支持	340.21	323.00	352.74	339.75	1.738	0.628
领悟社会支持	341.20	326.13	349.76	338.30	1.11	0.775

注：* 表示 $p<0.05$，** 表示 $p<0.01$，*** 表示 $p<0.001$

根据统计结果，可知家庭经济困难大学生领悟社会支持及各维度水平在年级因素上不存在显著性差异。即是，不同年级的家庭经济困难大学生，其领悟社会支持及家庭支持、朋友支持、他人支持程度差异不具有显著性。

5.5　家庭经济困难大学生职业决策自我效能感现状

5.5.1 家庭经济困难大学生职业决策自我效能感总体情况

为了解家庭经济困难大学生职业决策自我效能及各维度上的情况，研究采用描述统计分析该调查数据，结果见表 5-23。

表 5-23　家庭经济困难大学生职业决策自我效能感及各维度总体情况

变量	人数	均值	标准差	项目数
自我评价	679	3.37	0.75	6
收集信息	679	3.26	0.75	9
选择目标	679	3.28	0.72	9
制定规划	679	3.30	0.76	8
问题解决	679	3.27	0.76	7
职业决策自我效能感	679	3.30	0.71	39

注：* 表示 $p<0.05$，** 表示 $p<0.01$，*** 表示 $p<0.001$

家庭经济困难大学生职业决策自我效能感量表工具采用李克特5点计分法，因此采用3为理论中值，个体量表测评总分越高，表示其职业决策自我效能高越高。从表中数据可以发现，家庭经济困难大学生职业决策自我效能感总体情况处于中等偏上水平（M=3.30>3，SD=0.71），在各维度上得分均分均高于理论中值，情况偏好。家庭经济困难大学生职业决策自我效能感维度上得分，最高的是自我评价（M=3.37，SD=0.75），最低的是收集信息（M=3.26，SD=0.75），各维度得分从高到低排序是自我评价、制定规划、选择目标、问题解决、收集信息。

5.5.2 家庭经济困难大学生职业决策自我效能感在性别因素上的差异检验

为了解家庭经济困难大学生职业决策自我效能感及各维度在性别因素上是否存在显著性差异，对数据进行t检验差异分析，统计结果见表5-24。

表5-24 家庭经济困难大学生职业决策自我效能感及各维度在性别因素上的差异情况

变量	男		女		t	P
	平均值	标准差	平均值	标准差		
自我评价	3.44	0.76	3.36	0.75	0.851	0.887
收集信息	3.33	0.76	3.25	0.75	0.825	0.670
选择目标	3.38	0.71	3.26	0.73	1.425	0.414
制定规划	3.48	0.79	3.28	0.76	2.213	0.721
问题解决	3.47	0.79	3.24	0.75	2.409	0.395
职业决策自我效能感	3.42	0.71	3.28	0.71	1.646	0.662

注：* 表示 $p<0.05$，** 表示 $p<0.01$，*** 表示 $p<0.001$

根据表中统计结果反映，家庭经济困难大学生职业决策自我效能感及各维度在性别因素上不存在显著性差异。即不同性别的家庭经济困难大学生，其职业决策自我效能感及自我评价、收集信息、选择目标、制定规划、问题解决维度水平上的差异性不显著。

5.5.3 家庭经济困难大学生职业决策自我效能感在学科因素上的差异分析

检验家庭经济困难大学生职业决策自我效能感及各维度在学科因素上是否存在显著性差异，采用t检验进行差异分析，统计结果见表5–25。

表5–25　家庭经济困难大学生职业决策自我效能感及各维度在学科因素上的差异情况

变量	理工科		文科		t	P
	平均值	标准差	平均值	标准差		
自我评价	3.38	0.80	3.37	0.74	0.083	0.579
收集信息	3.29	0.87	3.25	0.72	0.455*	0.012
选择目标	3.30	0.79	3.27	0.70	0.480	0.097
制定规划	3.33	0.86	3.30	0.73	0.399*	0.026
问题解决	3.29	0.86	3.26	0.73	0.404*	0.031
职业决策自我效能感	3.32	0.79	3.29	0.69	0.387	0.087

注：* 表示 $p<0.05$，** 表示 $p<0.01$，*** 表示 $p<0.001$

从表中可知，家庭经济困难大学生职业决策自我效能感及自我评价、选择目标维度在学科因素上不存在显著性差异，也就是说理工科的家庭经济困难大学生和文科的家庭经济困难大学生的职业决策自我效能感及自我评价、选择目标维度水平差异性不显著。而在收集信息维度、制定规划维度、问题解决维度，不同学科的家庭经济困难大学生，其水平差异具有显著性，即理工科的家庭经济困难大学生与文科的家庭经济困难大学生的收集信息、制定规划、问题解决能力维度上存在显著性差异，并且是理工科的家庭经济困难大学生的收集信息、制定规划、问题解决能力维度水平显著高于文科的家庭经济困难大学生。

5.5.4 家庭经济困难大学生职业决策自我效能感在生源地因素上的差异分析

为了解家庭经济困难大学生职业决策自我效能感及各维度在生源地因素上是否具有显著性差异,采用 t 检验进行差异分析,统计结果见表 5-26。

表 5-26　家庭经济困难大学生职业决策自我效能感及各维度在生源地因素上的差异情况

变量	农村		城镇		t	P
	平均值	标准差	平均值	标准差		
自我评价	3.37	0.75	3.42	0.74	-0.535	0.746
收集信息	3.26	0.76	3.29	0.73	-0.336	0.770
选择目标	3.26	0.73	3.41	0.67	-1.590	0.627
制定规划	3.29	0.77	3.41	0.74	-1.130	0.916
问题解决	3.26	0.77	3.35	0.67	-0.877	0.344
职业决策自我效能感	3.29	0.71	3.37	0.67	-0.945	0.658

注:* 表示 $p<0.05$,** 表示 $p<0.01$,*** 表示 $p<0.001$

据表可知,家庭经济困难大学生职业决策自我效能感及各维度在生源地因素上不存在显著性差异,即来自农村或者是来自城镇的家庭经济困难大学生的职业决策自我效能感及自我评价、收集信息、选择目标、制定规划、问题解决维度水平的差异性不显著。

5.5.5 家庭经济困难大学生职业决策自我效能感在是否单亲家庭因素上的差异分析

考察单亲家庭的家庭经济困难大学生,其职业决策自我效能感及各维度是否存在显著性差异,采用 t 检验进行差异分析,统计结果见表 5-27。

表5-27　家庭经济困难大学生职业决策自我效能感及各维度在是否单亲家庭因素上的差异情况

变量	单亲家庭		非单亲家庭		t	P
	平均值	标准差	平均值	标准差		
自我评价	3.48	0.79	3.35	0.74	1.656	0.318
收集信息	3.39	0.75	3.23	0.75	2.036	0.611
选择目标	3.43	0.74	3.24	0.71	2.508	0.199
制定规划	3.46	0.78	3.46	0.77	2.401	0.306
问题解决	3.46	0.77	3.23	0.75	2.869	0.354
职业决策自我效能感	3.44	0.73	3.27	0.70	2.439	0.228

注：* 表示 $p<0.05$，** 表示 $p<0.01$，*** 表示 $p<0.001$

从表中数据反映，家庭经济困难大学生职业决策自我效能感及各维度在是否单亲家庭因素上不存在显著性差异。也就是说，来自单亲家庭或者是非单亲家庭的家庭经济困难大学生，其职业决策自我效能感及自我评价、收集信息、选择目标、制定规划、问题解决等能力水平的差异不具有显著性。

5.5.6 家庭经济困难大学生职业决策自我效能感在是否曾有留守经历因素上的差异分析

为了解家庭经济困难大学生职业决策自我效能感及各维度在曾有无留守经历因素上是否存在显著性差异，研究采用t检验进行差异分析，统计结果如表5-28所示。

表5-28　家庭经济困难大学生职业决策自我效能感及各维度在曾有无留守经历因素上的差异情况

变量	曾有留守经历		无留守经历		t	P
	平均值	标准差	平均值	标准差		
自我评价	3.33	0.74	3.44	0.75	-1.866	0.877
收集信息	3.24	0.75	3.30	0.76	-0.968	0.669
选择目标	3.25	0.71	3.33	0.75	-1.346	0.151

续表

变量	曾有留守经历		无留守经历		t	P
	平均值	标准差	平均值	标准差		
制定规划	3.28	0.76	3.35	0.78	-1.099	0.550
问题解决	3.25	0.76	3.31	0.76	-0.992	0.686
职业决策自我效能感	3.27	0.70	3.35	0.72	-1.330	0.522

注：* 表示 $p<0.05$，** 表示 $p<0.01$，*** 表示 $p<0.001$

从表中可知，家庭经济困难大学生职业决策自我效能感及各维度在曾有无留守经历因素上不存在显著性差异。即曾有留守经历或者无留守经历的家庭经济困难大学生，其职业决策自我效能感及自我评价、收集信息、选择目标、制定规划、问题解决等能力维度上的差异不具有显著性。

5.5.7 家庭经济困难大学生职业决策自我效能感在年级因素上的差异分析

为了解家庭经济困难大学生职业决策自我效能感及各维度在年级因素上是否存在显著性差异，研究对调查数据进行单因素方差分析，方差齐性，可采纳该统计结果，具体情况见表 5-29。

表 5-29　家庭经济困难大学生职业决策自我效能感及各维度在年级方面差异情况

变量	大一		大二		大三		大四		F	p
	均值	标准差	均值	标准差	均值	标准差	均值	标准差		
自我评价	3.43	0.71	3.31	0.71	3.30	0.80	3.37	0.75	1.472	0.221
收集信息	3.28	0.73	3.23	0.74	3.18	0.81	3.37	0.74	1.519	0.208
选择目标	3.27	0.72	3.27	0.68	3.21	0.77	3.41	0.70	1.943	0.138
制定规划	3.33	0.75	3.28	0.73	3.22	0.84	3.41	0.70	1.562	0.197
问题解决	3.29	0.75	3.27	0.69	3.17	0.85	3.39	0.72	2.152	0.092
职业决策自我效能感	3.32	0.68	3.27	0.67	3.22	0.77	3.4	0.69	1.690	0.168

注：* 表示 $p<0.05$，** 表示 $p<0.01$，*** 表示 $p<0.001$

由表可知，家庭经济困难大学生职业决策自我效能感及各位维度在年级因素上不存在显著性差异，即不同年级的家庭经济困难大学生，其职业决策自我效能感及自我评价、收集信息、选择目标、制定规划、问题解决等能力维度水平差异不具有显著性。在此基础上，做 LSD 多重比较，结果发现，家庭经济困难大学生在收集信息、选择目标、制定规划、问题解决及职业决策自我效能感维度上，大三和大四的家庭经济困难大学生表现出了显著性差异。

5.6　家庭经济困难大学生未来时间洞察力、心理资本、领悟社会支持与职业决策自我效能感的相关分析

5.6.1 家庭经济困难大学生未来时间洞察力和心理资本的相关分析

对家庭经济困难大学生未来时间洞察力和心理资本的总均分及各维度得分进行 Pearson 相关分析，得到结果见表 5-30。

表 5-30　家庭经济困难大学生未来时间洞察力和心理资本的总均分及各维度的相关分析

	自我效能	韧性	希望	乐观	心理资本总均分
行为承诺	0.529**	0.404**	0.619**	0.464**	0.600**
未来效能	0.539**	0.415**	0.589**	0.582**	0.633**
远目标定向	0.422***	0.290**	0.552**	0.465**	0.517**
未来目的意识	0.277***	0.373**	0.391**	0.267**	0.388**
未来意向	0.338**	0.289**	0.539**	0.382**	0.464**
未来时间洞察力总均分	0.581**	0.490**	0.734**	0.595**	0.716**

注：* 表示 $p<0.05$，** 表示 $p<0.01$，*** 表示 $p<0.001$

由表 5-30 可知，家庭经济困难大学生未来时间洞察力总均分与心理资本总均分成显著正相关（$p<0.01$）。未来时间洞察力各维度得分与心理资本总均分是显著正相关（$p<0.01$），未来时间洞察力各维度得分

与心理资本各维度得分呈显著正相关($p<0.01$)。即家庭经济困难大学生的未来时间洞察力水平越高,其心理资本水平也越高。

5.6.2 家庭经济困难大学生未来时间洞察力与领悟社会支持的相关分析

将家庭经济困难大学生未来时间洞察力和领悟社会支持总均分及各维度得分进行 Pearson 相关分析,统计结果见表 5-31。

表 5-31 家庭经济困难大学生未来时间洞察力和领悟社会支持的总均分及各维度得分的相关分析

	家庭支持	朋友支持	他人支持	领悟社会支持总均分
行为承诺	0.336**	0.327**	0.371**	0.382**
未来效能	0.340**	0.321**	0.370**	0.381**
远目标定向	0.290**	0.330**	0.363**	0.363**
未来目的意识	0.209**	0.155**	0.183**	0.203**
未来意向	0.304**	0.312**	0.366**	0.363**
未来时间洞察力总均分	0.404**	0.392**	0.449**	0.460**

注:* 表示 $p<0.05$, ** 表示 $p<0.01$, *** 表示 $p<0.001$

根据表 5-31 可知,家庭经济困难大学生未来时间洞察力总均分和领悟社会支持总均分呈显著正相关($p<0.01$),未来时间洞察力各维度得分与领悟社会支持总均分也成显著正相关($p<0.01$),未来时间洞察力各维度得分与领悟社会支持各维度得分呈显著正相关($p<0.01$)。家庭经济困难大学生未来时间洞察力水平越高,其领悟社会支持水平也越高。

5.6.3 家庭经济困难大学生未来时间洞察力与职业决策自我效能感的相关分析

将家庭经济困难大学生未来时间洞察力和职业决策自我效能感总均分及各维度得分进行 Pearson 相关分析,统计结果见表 5-32。

表 5-32　家庭经济困难大学生未来时间洞察力和职业决策自我效能感总均分及维度得分的相关分析

	自我评价	收集信息	选择目标	制定规划	问题解决	职业决策自我效能总均分
行为承诺	0.540**	0.538**	0.490**	0.521**	0.507**	0.552**
未来效能	0.542**	0.564**	0.504**	0.534**	0.536**	0.570**
远目标定向	0.488**	0.480**	0.455**	0.491**	0.488**	0.511**
未来目的意识	0.237**	0.197**	0.169**	0.196**	0.196**	0.211**
未来意向	0.327**	0.292**	0.297**	0.298**	0.291**	0.320**
未来时间洞察力总均分	0.589**	0.573**	0.528**	0.564**	0.558**	0.598**

注：* 表示 p<0.05，** 表示 p<0.01，*** 表示 p<0.001

从表中数据可知，家庭经济困难大学生未来时间洞察力总均分和职业决策自我效能感总均分呈现显著正相关（p<0.01），未来时间洞察力各维度得分与职业决策自我效能感总均分呈现显著正相关（p<0.01），未来时间洞察力各维度得分与职业决策自我效能感各维度得分呈现显著正相关（p<0.01）。家庭经济困难大学生未来时间洞察力水平越高，其职业决策自我效能感就越高。

5.6.4 家庭经济困难大学生心理资本和领悟社会支持的相关分析

将家庭经济困难大学生的心理资本和领悟社会支持总均分与各维度得分进行 Pearson 相关分析，统计结果见表 5-33。

表 5-33　家庭经济困难大学生心理资本和领悟社会支持总均分和各维度得分的相关分析

	家庭支持	朋友支持	他人支持	领悟社会支持总均分
自我效能	0.402**	0.399**	0.416**	0.449**
韧性	0.306**	0.281**	0.300**	0.328**
希望	0.429**	0.474**	0.486**	0.513**

续表

	家庭支持	朋友支持	他人支持	领悟社会支持总均分
乐观	0.461**	0.511**	0.526**	0.553**
心理资本总均分	0.476**	0.498**	0.516**	0.551**

注：* 表示 $p<0.05$，** 表示 $p<0.01$，*** 表示 $p<0.001$

根据表 5-33 可知，家庭经济困难大学生心理资本总均分和领悟社会支持总均分呈现显著正相关（$p<0.01$），心理资本各维度得分与领悟社会支持总均分呈现显著正相关（$p<0.01$），心理资本各维度得分与领悟社会支持各维度得分显著正相关（$p<0.01$）。家庭经济困难大学生心理资本水平越高，其领悟社会支持水平也越高。

5.6.5 家庭经济困难大学生心理资本和职业决策自我效能感的相关分析

将家庭经济困难大学生心理资本和职业决策自我效能感的总均分和各维度得分进行 Pearson 相关统计分析，结果见表 5-34。

表 5-34　家庭经济困难大学生心理资本和职业决策自我效能感总均分和各维度得分的相关分析

	自我评价	收集信息	选择目标	制定规划	问题解决	职业决策自我效能感总均分
自我效能	0.628**	0.619**	0.594**	0.613**	0.602**	0.650**
韧性	0.467**	0.436**	0.405**	0.454**	0.441**	0.469**
希望	0.602**	0.543**	0.533**	0.582**	0.568**	0.601**
乐观	0.598**	0.566**	0.542**	0.566**	0.562**	0.603**
心理资本总均分	0.682**	0.642**	0.615**	0.657**	0.645**	0.689**

注：* 表示 $p<0.05$，** 表示 $p<0.01$，*** 表示 $p<0.001$

根据表 5-34 结果可知，家庭经济困难大学生心理资本总均分和职业决策自我效能感总均分呈现显著正相关（$p<0.01$），心理资本各维度得分与职业决策自我效能感总均分呈现显著正相关（$p<0.01$），心理资本各维度得分与职业决策自我效能感各维度得分呈现显著正相关（$p<0.01$）。家庭经济困难大学生心理资本水平越高，其职业决策自我效

能感水平也越高。

5.6.6 家庭经济困难大学生领悟社会支持和职业决策自我效能感的相关分析

将家庭经济困难大学生领悟社会支持和职业决策自我效能感总均分和各维度得分进行 Pearson 相关统计分析,结果见表 5-35。

表 5-35　家庭经济困难大学生领悟社会支持和职业决策自我效能感总均分和各维度得分的相关分析

	自我评价	收集信息	选择目标	制定规划	问题解决	职业决策自我效能感总均分
家庭支持	0.408**	0.380**	0.361**	0.383**	0.360**	0.402**
朋友支持	0.399**	0.369**	0.380**	0.384**	0.359**	0.402**
他人支持	0.408**	0.395**	0.393**	0.391**	0.378**	0.418**
领悟社会支持总均分	0.449**	0.423**	0.419**	0.428**	0.405**	0.451**

注: * 表示 $p<0.05$, ** 表示 $p<0.01$, *** 表示 $p<0.001$

据表 5-35 可知,家庭经济困难大学生领悟社会支持总均分和职业决策自我效能感总均分呈现显著正相关($p<0.01$),领悟社会支持各维度得分和职业决策自我效能感总均分呈现显著正相关($p<0.01$),领悟社会支持各维度得分和职业决策自我效能感各维度得分显著正相关($p<0.01$)。即家庭经济困难大学生领悟社会支持程度越高,其职业决策自我效能感越高。

5.6.7 家庭经济困难大学生未来时间洞察力、心理资本、领悟社会支持、职业决策自我效能感和人口学变量的相关分析

为进一步检验家庭经济困难大学生未来时间洞察力、心理资本、领悟社会支持、职业决策自我效能感总均分合人口学变量的相关关系,采用 Pearson 相关统计检验,其分析相关矩阵见表 5-36。

表 5-36　未来时间洞察力、心理资本、领悟社会支持、职业决策自我效能感和人口学变量的相关矩阵

	M	SD	1	2	3	4	5	6	7	8	9	10
1. 性别	1.89	0.319	–									
2. 年级	2.19	1.120	.024	–								
3. 学科	1.80	0.397	.090*	–.023	–							
4. 生源地	1.10	0.296	.025	.029	.024	–						
5. 是否单亲家庭	1.83	0.374	–.014	–.023	–.023	–.159**	–					
6. 是否曾有留守经历	1.36	0.479	–.031	.020	–.036	.078*	.055	–				
7. 未来时间洞察力总均分	3.022	0.431	–.031	–.031	–.021	.046	–.081*	.075	–			
8. 心理资本总均分	4.609	0.796	–.082*	–.020	–.067	–.018	–.073	.053	.716**	–		
9. 领悟社会支持总均分	4.922	1.085	.118**	.013	–.037	–.008	–.030	.055	.460**	.551**	–	
10. 职业决策自我效能感总均分	3.297	0.706	–.063	.005	–.015	.036	–.093*	.051	.598**	.689**	.451**	–

注：* 表示 $p<0.05$，** 表示 $p<0.01$，*** 表示 $p<0.001$

据表 5-36 可知，家庭经济困难生未来时间洞察力、心理资本、领悟社会支持和职业决策自我效能感总均分的相关性与前面测量分析结果一致，两两间呈现显著正相关（$p<0.01$）。而在与人口学变量方面的相关性，心理资本总均分与性别呈现显著负相关（$p<0.01$），领悟社会支持的总均分与性别呈现显著正相关（$p<0.01$），未来时间洞察力、职业决策自我效能感的总均分与是否单亲家庭呈现显著的负相关（$p<0.01$）。由此，后续的中介效应分析，将性别、是否单亲家庭作为控制变量。

5.7　中介效应检验

根据本研究内容和研究假设，探讨家庭经济困难大学生未来时间洞察力对职业决策自我效能的作用机制，挖掘心理资本、领悟社会支持的中介效应。以此通过统计检验建立三个模型，即心理资本在家庭经济困难大学生未来时间洞察力和职业决策自我效能感中的中介作用模型、领悟社会支持在家庭经济困难大学生未来时间洞察力和职业决策自我效能感中的中介作用模型、心理资本和领悟社会支持在家庭经济困难大学生未来时间洞察力和职业决策自我效能感中的链式中介作用模型。相关分析研究发现，家庭经济困难大学生未来时间洞察力、心理资本、领悟社会支持和职业决策自我效能感这四个变量，其两两间均存在显著性相关，符合做中介效应的前提条件。而人口变量学因素中性别变量与心理资本、职业决策自我效能，是否单亲家庭变量与未来时间洞察力、职业决策自我效能感也呈现出了显著性相关，因此，在此后中介效应检验中，以性别、是否单亲家庭为控制变量。根据温忠麟和叶宝娟（2014）对中介效应应用方法的阐述，结合 Hayes（2013）使用的 SPSS 宏程序 PROCESS 做中介效应检验，其中采用模型 4 做简单中介模型探讨分析、模型 6 做链式中介模型探讨分析。

5.7.1 心理资本在家庭经济困难大学生未来时间洞察力和职业决策自我效能感中的中介作用

以未来时间洞察力为自变量、心理资本为中介变量、职业决策自我效能感为因变量，以性别、是否单亲家庭为控制变量，采用 Hayes 的 PROCESS 程序中的模型 4 进行简单中介效应检验，并采用 Bootstrap 方法进行中介效应显著性检验。结果见图 5–1：

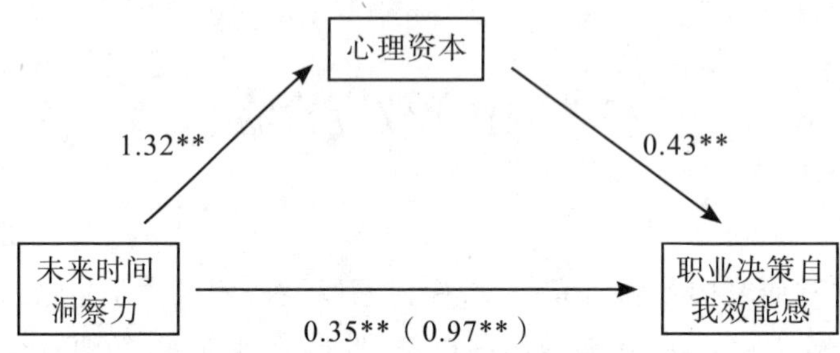

图 5–1　心理资本在未来时间洞察力和职业决策自我效能感中的中介作用模型

检验结果表明，未来时间洞察力对家庭经济困难大学生职业决策自我效能感具有显著的正向预测作用（B=0.97，SE=0.05，t=19.19，p<0.001，95%C.I.=（0.87，1.07））；未来时间洞察力对家庭经济困难大学生心理资本具有显著的正向预测作用（B=1.32，SE=0.05，t=26.50，p<0.001，95%C.I.=（1.22，1.41））；心理资本对家庭经济困难大学生职业决策自我效能感也具有显著的正向预测作用（B=0.43，SE=0.06，t=13.59，p<0.001，95%C.I.=（0.40.0.54），同时，未来时间洞察力对职业决策自我效能感的影响仍然显著（B=0.35，SE=0.06，t=5.45，p<0.001，95%C.I.=（0.22，0.47）。由此，心理资本在家庭经济困难大学生未来时间洞察力与职业决策自我效能感中起部分中介效应，其中，总效应为 0.97，直接效应为 0.35，间接效应为 0.62，中介效应占总效应 63.91%。

采用 Hayes（2013）提供的 Bootstrap 方法检验中介效应，重复抽样 5000 次分别计算 95% 的置信区间，若置信区间不含 0 值则表示统计有显著性。检验结果显示：心理资本在未来时间洞察力和职业决策自我效能之间的中介效应 95% 的置信区间为（0.52，0.73），区间不含 0，因此中介效应显著。

5.7.2 领悟社会支持在家庭经济困难大学生未来时间洞察力和职业决策自我效能感间的中介效应

以未来时间洞察力为自变量,领悟社会支持为中介变量,职业决策自我效能感为因变量,性别、是否单亲家庭为控制变量,采用 Hayes（2013）提出的 PROCESS 程序中的模型 4 简单中介效应分析,采用 Bootstrap 方法进行中介效应显著性检验,统计结果见图 5–2：

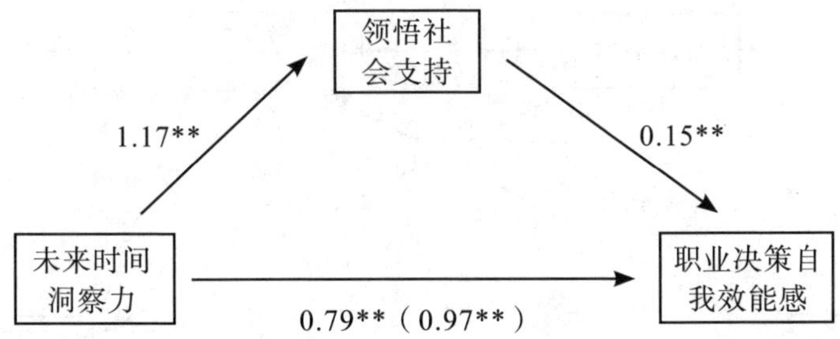

图 5–2　领悟社会支持在未来时间洞察力和职业决策自我效能感中的中介作用模型

统计结果表明,未来时间洞察力对职业决策自我效能感具有显著的正向预测作用（B=0.97, SE=0.05, t=19.19, p<0.001,95%C.I.=（0.87,1.07）; 未来时间洞察力对领悟社会支持具有显著的正向预测作用（B=1.17, SE=0.09, t=13.70, p<0.001,95%C.I.=（1.00,1.34）; 领悟社会支持对职业决策自我效能感具有显著的正向预测作用（B=0.15, SE=0.02, t=7.00, P<0.001,95%C.I.=（0.11,0.20））, 同时未来时间洞察力对职业决策自我效能感也具有显著的正向预测作用（B=0.79, SE=0.06, t=14.30, p<0.001,95%C.I.=（0.68,0.89））。因此, 领悟社会支持在未来时间洞察力和职业决策自我效能感中起部分中介效应,总效应为 0.97,直接效应为 0.79,间接效应为 0.18,中介效应占总效应 18.56%。

经 Bootstrap 方法对中介效应显著性进行检验,结果表明,中介效应 95% 的置信区间为（0.11,0.25）,区间不含 0,因此中介效应显著。

5.7.3 心理资本、领悟社会支持在未来时间洞察力和职业决策自我效能感间的链式中介效应

以未来时间洞察力为自变量，心理资本和领悟社会支持为中介变量，职业决策自我效能感为因变量，性别和是否单亲家庭为控制变量，采用 Hayes（2013）提出的 PROCESS 程序中的模型 6 链式中介效应进行分析，采用 Bootstrap 方法进行中介效应显著性检验。

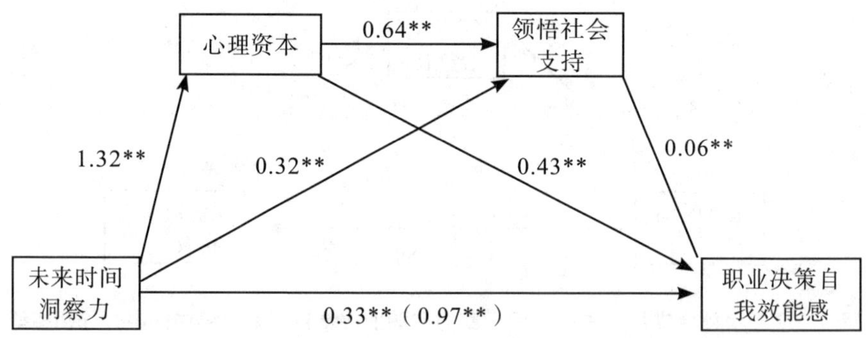

图 5-3　心理资本和领悟社会支持在未来时间洞察力和职业决策自我效能感中的中介作用模型

结果（见图 5-3）表明：未来时间洞察力可以显著正向预测心理资本（B=1.316，SE=0.050，t=26.200，p<0.001），且对领悟社会支持的正向预测作用显著（B=0.319，SE=0.113，t=2.828，p<0.01）；心理资本可以显著正向预测领悟社会支持（B=0.646，SE=0.061，t=10.524，p<0.001）；未来时间洞察力、心理资本、领悟社会支持均可以显著正向预测职业决策自我效能感（B=0.329，SE=0.064，t=5.144，p<0.001；B=0.434，SE=0.037，t=11.628，p<0.001；B=0.059，SE=0.021，t=2.744，p<0.01；）。

采用 Hayes（2013）提供的偏差校正的非参数百分位 Bootstrap 方法对三条路径中介效应进行检验，重复抽样 5000 次分别计算 95% 的置信区间，若区间不含 0 值则表示有统计显著性。三条中介路径效应值检验结果见表 5-37。

表 5-37　未来时间洞察力作用于职业决策自我效能感的链式中介效应结果

效应	路径关系	效应值	95% 置信区间
直接效应	未来时间洞察力→职业决策自我效能感	0.329	[0.204,0.456]
中介效应	未来时间洞察力→心理资本→职业决策自我效能感	0.571	[0.456,0.691]
	未来时间洞察力→领悟社会支持→职业决策自我效能	0.019	[0.001,0.046]
	未来时间洞察力→心理资本→领悟社会支持→职业决策自我效能感	0.051	[0.006,0.101]
总中介效应		0.641	[0.538,0.744]
总效应		0.971	[0.871,1.070]

从表 5-37 中可知,(1)心理资本在未来时间洞察力和职业决策自我效能之间的中介效应 95% 的置信区间是(0.456,0.691),区间不含 0 值,效应值为 0.571,中介效应显著,因此,时间洞察力可以通过心理资本显著正向预测职业决策自我效能感;(2)领悟社会支持在未来时间洞察力和职业决策自我效能感之间的中介效应 95% 的置信区间是(0.001,0.046),区间不含 0 值,效应值为 0.019,中介效应显著,因此,未来时间洞察力可以通过领悟社会支持显著正向预测职业决策自我效能感;(3)心理资本、领悟社会支持在未来时间洞察力和职业决策自我效能感之间 95% 的置信区间是(0.006,0.101),区间不含 0 值,本路径效应值是 0.051,链式中介效应显著。因此,心理资本和领悟社会支持在未来时间洞察力和职业决策自我效能感之间起着链式中介作用。综上,三条路径的中介效应检验显著,验证了本研究的假设。

第6章 讨 论

6.1 家庭经济困难大学生未来时间洞察力的特点分析

6.1.1 家庭经济困难大学生未来时间洞察力总体情况

本研究发现,家庭经济困难大学生总体拥有较好的未来时间洞察力,其平均得分远高于理论中值水平,家庭经济困难大学生对自身未来的感知和未来意识是较强、较积极的,这与以普通大学生群体为对象的研究结论一致(宋其争,2004; 李董平等,2008)。从时间轴向发展角度看,大学生群体的未来时间洞察力水平的表现是相对稳定的,符合其稳定的人格特质内涵特征,不会随着时间的推移而发生较大的改变。另外,家庭经济困难大学生在未来时间洞察力各维度因子水平上的表现上未来意向意识是相对最高的。未来意向意识聚焦的问题是关于未来目标的清晰程度,以及对命运是否由自己主导的认识。家庭经济困难大学生在这一维度表现的得分相对较高,说明当下的家庭经济困难大学生对自己的未来发展具有较高的清晰的认识,有比较明显的积极的思考,也更加坚定命运是由自己主导,认为生活是有光明多彩的,也表现得更加自强,而不是因为家庭经济困难就表现得卑微怯懦或者听天由命。这跟“穷人家的孩子早当家”有一定内在的联系。相对的,家庭经济困难大学生的行为承诺意识是相对最低的。行为承诺维度聚焦的问题是个体对未来目标有无付出行动的打算,表现了对未来计划行为的执行性意识。家庭经济困难大学生在这一维度上的得分相对较低,表明了其未来行动的执行力上相对欠缺,对未来设想制订的打算和计划还不够,还需要进一步提高行为承诺意识。未来效能聚焦的问题是个体对未来是否有信心,对自己的未来的自信程度等。目的意识聚焦的问题是个体对未来目标的明确程度,有无明确的未来目标。家庭经济困难大学生在这两个维度上的得分表现相对较好,说明他们对自己的未来是抱有希望的,是相信自己会更好的,对未来是比较有信心的,有相信自己能创造美好生活的愿望和勇气,对自己的未来目的意识较明确,对未来认识较积极。而远目标定向维度则是与未来承诺排名靠后。远目标定向聚焦的是问题是检验未来目标有无预先设定,对自己未来的历程的打算的情况。家庭经济困难大学生在这一维度得分相对较低,说明他们可能更聚焦于近目标的解决,而对远目标定向的规划还比较弱。这也有可能是家庭经济困难原因,限制了他们对未来更长远的设想。

6.1.2 人口学因素对家庭经济困难大学生未来时间洞察力的影响

结合家庭经济困难大学生的经历特点,本研究选取性别、生源地、学科、年级、是否曾有留守经历、是否独生子女因素进行考察家庭经济困难大学生未来时间洞察力的影响。

研究发现,家庭经济困难大学生未来时间洞察力总体情况在性别、学科、生源度、曾是否有留守经历和年级因素上不存在显著性差异,但在是否单亲家庭因素上表现出了显著不同。单亲家庭的家庭经济困难大学生未来时间洞察力总体得分显著高于非单亲家庭的家庭经济困难大学生。

在学科因素的考察上,文科学生未来时间洞察力的得分显著高于其他学科,而其他学者研究也发现了差异(刘双姝,2018)。本研究是以家庭经济困难大学生为研究对象,当前研究中还未有单独以该对象开展未来时间洞察力的情况调查,该研究发现为了解家庭经济困难大学生未来时间洞察力情况提供了基础数据内容,深化对家庭经济困难大学生的认识。未来时间洞察力是体现大学生对未来的感知和未来意识,而在家庭经济困难大学生身上的体现,是不随性别、生源地、曾有无留守经历的影响而改变,在这点上的表现区别于普通大学生群体。这当中的无显著差异,应该是表明了家庭经济困难大学生是具有更高共同性的群体,因此在这三个人口学因素上表现了相一致的未来时间洞察力。在单亲家庭因素上,家庭经济困难大学生未来时间洞察力表现出显著性差异,有可能单亲家庭的孩子，由于生活得更加艰难，反而更加积极地设想未来，规划未来。单亲家庭因素对大学生的心理行为影响既可能是破坏性因素，也可能是保护性因素。

家庭经济困难大学生的行为承诺因子的水平表现在性别、学科、生源地、是否单亲家庭、曾有无留守经历、年级上都不存在显著差异。

家庭经济困难大学生的未来效能因子水平表现在性别、生源地、是否单亲家庭、曾是否有留守经历是没有显著性不同，但在学科因素上存在显著性不同。未来效能体现的是个体对未来的积极情绪体验，是对未来展望的自信水平。文科学生与理工科学生之间的未来效能存在显著性差异，且文科学生未来效能感显著低于理工科学生。这一点差异发现与范文淑（2017）研究一致，理工科的学生更注重于实际操作能力的培养，相关研究也表明，理工科学生的就业情况较好于文科学生，因此，理工科的学生为未来进行展望与设想时，会表现得更积极、更自信。

家庭经济困难大学生的远目标定向因子水平表现在考察的性别、学科、生源地、是否单亲家庭、曾是否有留守经历和年级因素上都没有显著性不同，表明家庭经济困难大学生群体对远目标考虑的意识强烈程度是比较一致的。远目标定向意识体现的是对未来远目标有无预先设定，对自己未来历程有无打算，从该因子在各因素上的得分均值看，都高于理论中值，说明家庭经济困难大学生的远目标定向考虑意识较强烈，且相对稳定在一个水平上。

家庭经济困难大学生未来目的意识因子水平表现、家庭经济困难大学生未来时间洞察力的未来目的意识表现水平在年级因素上是存在显著不同的。家庭经济困难大学生未来意向因素水平表现在性别、学科、生源地、是否单亲家庭、曾是否有留守经历和年级因素上并没有显著性的不同。当前以大学生为被试的研究结果中显示，女生的未来意向意识水平显著强于男生（范文淑，2017）。

6.2 家庭经济困难大学生心理资本的特点分析

6.2.1 家庭经济困难大学生心理资本的总体特点

研究发现，家庭经济困难大学生的总体心理资本状况（M=4.61）以及各维度因子水平均高于理论中值，处于中等或中等偏上水平，家庭经济困难大学生的心理资本水平表现整体良好，家庭经济困难大学生心理资本较为积极，这与以普通大学生群体为对象的研究结论（陈菁，2015）相符合。从个人层面，心理资本是促进个体成长与绩效的重要的心理资源。家庭经济困难大学生的心理资本整体状况表现良好，体现了他们对未来的信心、希望、乐观和毅力，对他们今后面对生活、学习的成长与发展有着重要意义。从整体状况看，家庭经济困难大学生心理资本水平的提高与学校现在更加重视家庭经济困难生综合素质教育与心理健康教育培养、国家的资助政策密切相关。在当前脱贫攻坚、乡村振兴的国家战略背景下，家庭经济困难家庭得到了政府大力的支持与帮助，家庭经济困难学子获得了良好的上学资助政策，这让他们获得了良好的心理支持资源。同时，现在高校普遍开设有心理咨询中心，在高校教师与大学生对心理问题的逐渐重视下，大学生解决心理问题的倾诉表达逐渐有渠道，懂得更理性表达负面情绪，这在极大程度上帮助了大学生心理困惑的解决，避免了更大心理问题的发生。高校的第二课堂校园文化活动也日渐丰富，高校开展了资助活动月、自强学子事迹分享等活动，这些的活动的丰富性，进一步强化了自强教育的渗透性，提升了大学育人的功能，整体上让更多的家庭经济困难大学生受益，获得了更好的心理成长的环境。这些丰富的教育载体活动一定程度上提高了大学生的心理资本水平。

研究结果中，家庭经济困难大学生心理资本各维度的水平表现，希望维度是相对最高的，自我效能感是相对最低的。这与以普通大学生群体为对象的研究结果相对一致。大学生心理资本中乐观维度水平最高，自我效能感水平最低（宋明霞，2021）；而在另一研究中，大学生心理资本中乐观和希望维度发展较好，自我效能感和韧性维度最低（徐海燕、尹林涛,2018)。希望维度体现的是个体对自己的未来能够创造价值是怀抱希望的,代表了个体对实现未来的途径和意志。家庭经济困难大学生在希望维度的得分较高,表现出他们对自己的未来能创造价值是较积极的,抱有着希望的态度。乐观维度聚焦的是个体对待问题的归因方式,对待自己遭遇的事情具有一个更积极的归因方式。家庭经济困难大学生的乐观维度水平表现也相对较高,说明他们面对自己当前家庭经济困难的处境,对自己当下的处境,以及对未来的成长与发展,表现出了积极的归因和乐观积极的态度。韧性所聚焦的是个体在逆境、冲突、失败和压力等负性事件中迅速恢复的心理能力。家庭经济困难大学生韧性品质的水平表现相对靠后,也就是相比较于希望、乐观维度,家庭经济困难大学生在韧性品质的表现稍微差些,在逆境中的复原力相对弱。家庭经济困难大学生经历的挫折、社会阅历、家庭经济环境及教养方式、个人的心理承受能力等,都有可能会导致心理韧性的不足。自我效能关注的是个体对自己是否获得成功的信心程度。家庭经济困难大学生自我效能维度的得分相对其他维度,是最低的。这一结果与张环伟(2021)大学生群体心理资本中自我效能维度得分最低是相一致的。说明家庭经济困难大学生对自己是否能完成某件事的能力缺乏信心,对自己未来是否取得成功缺乏自信。

6.2.2 家庭经济困难大学生心理资本在人口学因素方面表现的差异特点

研究发现,性别因素对家庭经济困难大学生心理资本总体水平不存在显著差异。石艳华、王仕龙(2017)开展家庭经济困难大学生积极心理资本状况的调查中,也发现了不同性别的家庭经济困难大学生的心理资本不存在显著不同。然而,在心理资本的个别维度上是存在显著性差异的。石艳华、王仕龙(2017)的研究结果显示不同性别的贫困大学生的希望维度水平存在显著不同,而在本研究中,不同性别的家庭经济困难大学生的人性维度水平存在显著不同。这结果与以普通大学生群体为对象的研究结果相符合。根据潘清泉,周宗奎,张环伟的研究,发现男女性大学生在韧性维度上存在显著性差异。导致不同性别的家庭经济困难大学生在心理资本维度上差异的原因应该是多方面的,研究的取样不同,其生长环境、教育环境及所处的文化氛围,都有可能会导致这些差异。在本研究中,不同性别的家庭经济困难大学生表现出不同的韧性水平,这可能一方面是因为在家庭环境、社会发展中,男生相比较女生需要承担更多的家庭责任与社会责任,另一方面,社会对男性的要求、承担责任的要求也相对较高。而对家庭经济困难的孩子,男生需要更早地承担家庭责任,对其要求与期待也会更高。在个性特质上,女性表现得更加情感细腻。因此,男性家庭经济困难大学生需要更高的耐挫能力。在乐观、自我效能、希望维度上,男女性家庭经济困难大学生没有表现出显著性差异。

本研究中,家庭经济困难大学生所在学科的因素对心理资本整体状况存在显著性影响,即文科家庭经济困难大学生与理工科的家庭经济困难大学生的心理资本的差异显著。张环伟(2021)以普通大学生为研究对象,其发现学科因素对大学生的心理资本差异并不显著,即文科大学生和理工科大学生的心理资本没有显著性差异。这两项研究结果存在不一致。然而,在石艳华、王仕龙(2017)对贫困大学生心理资本的研究中,同样是发现了不同专业的家庭经济困难大学生群体较普通大学生群体还是存在不同之处,表现了不同学科的家庭经济困难大学生的心理资本显著不同,这很可能是因为理工科的学生毕业后的待遇会比文科要好,这使得他们表现出更高的心理资本。同时,理工科的专业训练更强调技能型,强调实干,家庭经济困难大学生在理工科的专业背景下能得到更多的技能训练,收获更实干的精神态度,这无疑会使得他们养成更好的心理资本素养。在心理资本的各维度上,文科家庭经济困难大学生与理工科家庭经济困难大学生在韧性维度上也是表现出了极显著性差异,理工科家庭经济困难大学生韧性水平显著高于文科家庭经济困难大学生。理工科这一学科训练的背景下,理工科的家庭经济困难大学生表现出了更好的韧性水平,面对逆境具有更好的复原力。在乐观、自我效能、希望维度上,不同学科的家庭经济困难大学生不存在显著差异。

生源地的不同对家庭经济困难大学生的心理资本不存在显著性差异。该结果与祁道磊(2020)研究贫困大学生心理资本状况结果是一致的,也是认为不同生源地的贫困大学生不存在显著不同的心理资本水平。而在与以普通大学生为对象的研究中,结果表现不一致,相关研究结果表明来自城市和来自农村的大学生存在显著不同的心理资本水平,这说明了家庭经济困难大学生群体较普通大学生群体的心理资本水平是有区别的。本研究中,城镇、农村的家庭经济困难大学生都已是属于达到国家认定的经济困难家庭，从家庭经济情况上看，他们的这个家庭出身情况更具有同质性。来自城市的大学生，无疑其物质生活条件更好，获得更丰富的教育资源，有更丰富的课余生活，获得的知识也更加全面，而且其父母的教育水平也普遍较高，他们会更重视自己孩子的教育及性格养成，这使得孩子能养成更加积极乐观的态度，对自己表现得更加自信，也就拥有更高的心理资本水平。因此，不同的生源地但同样来自经济困难家庭的大学生，其心理资本没有表现出显著差异，而来自城市和农村的大学生，其家庭经济情况显然会不同，导致了其心理资本存在显著差异。说明对家庭经济困难大学生这个群体的关注还是很有必要的，其心理资本状况对他们的未来发展具有重要意义。与此同时，在心理资本的各维度上，家庭经济困难大学生的乐观、自我效能、韧性、希望也都不存在显著性差异。

是否单亲家庭经济困难大学生，其心理资本整体状况及韧性、乐观维度水平存在显著不同，且单亲家庭经济困难大学生心理资本状况及韧性、乐观水平显著高于非单亲家庭经济困难大学生。在以往对贫困（家庭经济困难）大学生心理资本的研究中，未发现从是否单亲家庭这个角度比较其心理资本的差异，较多考察了是否独生子女对贫困（家庭经济困难）大学生心理资本的差异情况，非独生子女的心理资本水平比独生子女要高，认为可能是非独生子女获得了更多的支持。按惯有的思维方式，双亲家庭的孩子会获得更多父母支持，会拥有更积极的态度，获得更积极的心理资本。在本研究中，单亲家庭经济困难大学生的心理资本及韧性、乐观水平表现比非单亲家庭经济困难大学生要好。这一点发现是值得我们深入挖掘的。单亲不等于残缺，从社会、政府、学校对特殊群体大学生的关爱与帮助，都有可能让他们获得好的心理支持体验。然而在影响他们的心理资本因素中，单亲家庭经济困难这一因素本身是否就使得孩子必须更早懂得承担家庭的责任，必须懂得要更加坚强与自立，这些还有待做更深入的研究。

在曾有无留守经历这一因素上，家庭经济困难大学生的心理资本状况没有明显不同。这可能是因为作为经济困难家庭，父母在身边与否，得到的关注与教育差异性并不大。由于文化低的原因，经济困难家庭的父母难以有更好的资源教育孩子，因此，在曾有无留守经历这个因素上，家庭经济困难大学生的心理资本没有表现显著不同。在心理资本的各维度上，家庭经济困难大学生的韧性维度表现了显著差异，也就是有留守经历的家庭经济困难大学生的韧性品质与无留守经历的家庭经济困难大学生显著不同，且显著低于无留守经历的家庭经济困难大学生。经济困难本身作为破坏性因素，影响家庭经济困难大学生心理资本的获得，而再加上留守经历，家庭经济困难大学生的成长环境中缺少父母在身边的陪伴，导致其心理韧性的缺失。而无留守经历的家庭经济困难大学生则表现得韧性品质较高。这说明，父母在身边的陪伴，不管其能提供多少优质资源，都会是一个保护性因素，家庭经济困难孩子获得更好的心理支持，获得更好的心理韧性，具备面对逆境的勇气与自信。

不同年级的家庭经济困难大学生的心理资本并没有显著不同，在心理资本各维度的表现上，也不存在显著不同。在石艳华、王仕龙（2017）的研究中，不同年级的贫困大学生的心理资本水平没有显著不同，但在希望维度上是呈现了年级差异的。这一结果与本研究不一致。本研究认为，随着时代的发展，家庭经济困难大学生获得了更好的政府支持政策，家庭经济困难大学生步入大学，开始自己的专业学习，在校园中也获得了较好的受教育机会，在国家的资助政策下顺利完成学业，他们可以依据自己喜好发展自己的学业，为自己所希望的未来和所想发展的职业去努力。无论是哪个年级的家庭经济困难大学生，都表现出了对自己有较好的信心、对未来有较好的希望，生活乐观积极，有更多坚持下去的动力，使得他们培养出较高的心理资本。因此，不同年级的家庭经济困难大学生的心理资本差异没有显著不同。

综合以上分析，本研究家庭经济困难大学生的心理资本总体上呈现以下趋势：家庭经济困难大学生的心理资本整体状况较好，其各维度是水平表现由高到低是希望、乐观、韧性、自我效能。男性家庭经济困难大学生韧性水平显著高于女性家庭经济困难大学生；理工科家庭经济困难大学生心理资本整体状况及韧性水平显著高于文科家庭经济困难大学生；单亲家庭经济困难大学生的心理资本整体状况及韧性、乐观维度水平显著高于非单亲家庭经济困难大学生；无留守经历的家庭经济困难大学生的韧性维度水平较高于有留守经历的家庭经济困难大学生。

6.3 家庭经济困难大学生领悟社会支持特点分析

6.3.1 家庭经济困难大学生领悟社会支持总体特点

本研究中，家庭经济困难大学生领悟社会支持总体情况较好，得分高于理论中值。在当前的社会环境下，国家大力脱贫攻坚，在2020年实现全民奔小康目标，每个贫困家庭从经济上摆脱贫困，获得政府、社会等的资助，温饱有保证，看病有保障，孩子上学有保障，这极大地提升了家庭经济困难大学生对社会支持的感受，获得了更好的心理支持体验，因此，家庭经济困难大学生的领悟社会支持水平表现了较好的情况。

家庭经济困难大学生领悟社会支持各维度的水平表现从高到低是朋友支持、他人支持和家庭支持。在以往的研究中，郭韡（2020）对贫困大学生与非贫困大学生领悟社会支持进行差异性比较，发现非贫困大学生领悟社会支持显著高于贫困大学生，且家庭支持、朋友支持、他人支持三个人维度也表现出了显著性差异。本研究认为，该结果与本研究结果是较为一致的。家庭经济困难大学生领悟社会支持水平与自身做比较，虽总分呈现较好水平，但在维度上，仍然表现了家庭因素对领悟社会支持水平的差异性。朋友支持主要是聚焦于来自朋辈的关心与支持，其水平表现是相对最高的，这说明家庭经济困难大学生感受到的支持最多是来自于朋友。这在他们的成长经历中，多是由于家人长期奔忙于工作或者由于文化水平低，疏于对教育的重视，给与孩子的关注较少，因而朋友成为家庭经济困难大学生生活中重要的部分，也成为他们生活中重要的陪伴，因此碰到事情的时候他们更倾向于找朋友商量、解决。排名其次的是他人支持，说明家庭经济困难大学生获得的心理支持体验主要还有来自老师、社会的关爱。排在最后的是家庭支持，由于家庭经济困难的原因，其父母承受着巨大压力，可能选择外出打工或者奔于生计，导致亲子沟通较少，对子女的关心也较少，在子女的教育上也可能传递了这些压力，不自觉地以负面的教养方式教育孩子，比如专制型的教育方式，这些都会影响子女对父母支持的感受体验。因此，相较于朋友支持、他人支持，家庭经济困难大学生较缺少来自家庭方面的支持。

6.3.2 家庭经济困难大学生领悟社会支持在人口因素学上表现的差异特点

不同性别、是否单亲家庭、曾有无留守经历、不同年级的家庭经济困难大学生领悟社会支持及各维度水平没有显著不同。不同学科的家庭经济困难大学生的领悟社会支持及家庭支持、他人支持,以及不同生源地的家庭经济困难大学生的领悟社会支持及朋友支持、他人支持,也同样没有表现出显著不同。而不同学科的家庭经济困难大学生朋友支持表现了显著不同,且理工科的家庭经济困难大学生朋友支持体验显著高于文科家庭经济困难大学生。这有可能在不同的学科领域里,他们的个性养成不太一样,文科学生情感更细腻,对情感的体验更深刻,导致对自身感受到的支持感评价标准更苛刻。也可能是理工科学生需要把更多时间投注在专业学习,需要在实验室开展学习活动,这样的小组型学习活动会让他们感受到更多的朋友支持体验。另外不同生源地的家庭经济困难大学生的家庭支持感受也表现了显著不同,表现为来自农村的家庭经济困难大学生比来自城镇的家庭经济困难大学生具有更高的家庭支持体验。这有可能是因为在农村,家庭生活更多是群居式的,在农村的家庭经济困难大学生除了感受到父母的支持外,还能感受到叔父、姑母、爷爷、奶奶等大家庭的支持关爱,彼此间居住得也比较靠近,邻里帮忙的氛围会更好。而城镇的家庭经济困难家庭大学生,更多是居住楼房套间,家庭亲戚居住得较远,获得家庭支持体验较难。所以从这方面推断,农村的家庭经济困难大学生会表现出更强的领悟社会支持体验。

综上分析,家庭经济困难大学生领悟社会支持呈现如下趋势:家庭经济困难大学生领悟社会支持总体情况较好,均值高于理论中值,其中朋友支持最多,其次是他人支持,最后是家人支持。在人口学因素上的表现是,理工科的家庭经济困难大学生相较于文科家庭经济困难大学生具有更高的朋友支持体验,来自农村的家庭经济困难大学生相较于来自城镇的家庭经济困难大学生具有更强的家庭支持体验。

6.4 家庭经济困难大学生择业自我决策效能感的特点分析

6.4.1 家庭经济困难大学生择业自我决策效能感的总体特点

研究发现,家庭经济困难大学生择业自我决策效能感总体情况良好,均值得分高于理论中值。在杨萍(2014)的研究中,以云南省贫困大学毕业生为研究对象,考察了贫困大学生的职业决策自我效能感,采用的工具是厦门大学彭永新和华中师范大学龙立荣主持编制的《大学生职业决策自我能够量表》,结果显示其贫困大学生职业决策自我效能感的总体均值得分也是高于理论中值,整体情况表现良好。这与本研究结果相一致,这有可能是因为在当前的就业机制影响下,就业的自由与平等性特点日益突出,家庭经济困难大学生能够顺利就业与个人综合素质高低、专业能力水平有着直接密切的关系。因此,家庭经济困难毕业生在四年的大学生涯中,可以自由平等建立自己的职业目标,也会更加注重于个人成长与发展,付出各种努力为就业做好充分准备。这些都提高了家庭经济困难大学生职业决策自我效能感。在职业决策自我效能感的各维度水平上,家庭经济困难大学生的自我评价维度水平是相对较高的。自我评价维度聚焦的问题是个体对自己所能从事职业的定位和目标、所能为职业目标付出的努力等的自我评定,其得分越高,表明个体对自己的职业定位评价越明确。家庭经济困难大学生在这一维度的得分相对较高,说明其对自己的择业评价是较好的,较清晰得明白自己感兴趣的工作或职业,对自己进行择业是有信心的,也具有较好的自信能为职业目标确定计划和为目标付出努力。制定规划维度聚焦的问题是个体对制定自己所感兴趣职业行动方案是否可行性的自信心判断,具体表现为是否能了解清楚所感兴趣职业的就业趋势、待遇等相关信息并掌握相关准备技能等问题的自信程度。选择目标聚焦的是自己能够确立职业目标的自信程度。家庭经济困难大学生在制定规划和选择目标两个维度得分较高,说明家庭经济困难大学生对自己所感兴趣职业能否制定规划和选择目标是比较有自信的。排在后面的两个维度是问题解决和收集信息。问题解决维度聚焦于更具体的就业问题的解决的自信程度,如就业权益、就业法规、求职面试等问题解决的自信心。收集信息聚焦的问题是对做出职业决定付出行动步骤、了解相关有价值信息等的信心程度。家庭经济困难大学生在这两个维度的得分相对是最低的,说明他们在职业决策方面收集信息、解决具体就业问题的能力信心不高,还需要在就业指导过程中加强教育,进一步提升。

6.4.2 家庭经济困难大学生职业决策自我效能感在人口学因素上的差异特点分析

研究发现,不同性别、不同生源地、是否单亲家庭、曾有无留守经历及不同年级的家庭经济困难大学生职业决策自我效能感及各维度水平表现是没有显著差异的。在杨萍(2014)的研究中,她考察了是否担任学生干部、是否独生子女、性别、生源地以及专业因素对家庭经济困难大学生职业决策自我效能感的差异表现情况,研究结果是家庭经济困难生职业决策自我效能感在性别、生源地上是不存在显著差异的。因此,本研究与杨萍(2014)研究所发现的在性别、生源地这两个人口学因素上的差异结果是一致的,也是验证了该结果。而在其他因素上,杨萍(2014)的研究发现不同学科的贫困大学生的职业决策自我效能感是不存在显著差异的。在本研究中,不同学科的家庭经济困难大学生职业决策自我效能感的整体状况也没有显著不同,这一点结果是一致的。然而,在职业决策自我效能感的收集信息、制定规划、问题解决这三个维度上,家庭经济困难大学生的职业决策自我效能感表现出了显著的不同。杨萍(2014)并没有报告其在维度上的差异情况,这一结果无法进行比较。当前学者们对职业决策自我效能感的研究,以普通大学生为研究对象的居多,以家庭经济困难大学生为对象的较少。选取以家庭经济困难大学生为对象的研究进行参考,以此进行相关举证,企图得到相关研究结论的支持,但同类研究比较缺乏。研究尝试把研究结果与正常大学生为被试的研究进行比较,现有研究中,王雯雯(2008)的研究指出大学生的职业决策自我效能感存在显著的性别差异,柳中华(2010)的研究结果表明大学生的职业决策自我效能感在专业上存在显著的差异。这些研究结果的不一致,究其原因,有可能是因为在职业决策自我效能感的研究领域中,学者们对于职业决策自我效能感的理论建构不一样,在各自的研究中使用的测量工具不统一，使得研究结果不一致，难以进行比较。同时，研究被试选取方面的差异，也会导致不同的研究结果。本研究对家庭经济困难大学生的职业决策效能感进行了深入分析，不仅揭示了职业决策自我效能感的整体情况，也揭示了各维度的表现水平，为更深入理解家庭经济困难大学生群体职业决策自我效能感特点提供了理论支持，同时对不断完善该研究领域还是有意义和有必要的。研究中揭示了理工科家庭经济困难大学生相较于文科家庭经济困难大学生具有更好的收集信息、制定规划和问题解决水平。这有可能跟理工科学科特点具有比较大的关联，理工科学生注重理性思维培养，注重实际动手能力，在遇到的实际问题中，理工科的学生更倾向于寻找数据、信息等内容支撑，寻找问题解决的办法，以实干的态度解决问题。从这一方面讲，理工科的学科特点对培养家庭经济困难大学生收集信息、制定规划和问题解决的能力是更有优势的，因此，理工科的家庭经济困难生比文科的家庭经济困难生对自己在职业决策过程的收集信息、制定规划和问题解决能力方面表现得更有自信。

综上分析，家庭经济困难大学生职业决策自我效能感呈现如下特点：家庭经济困难大学生职业决策自我效能感总体情况良好，均值得分稍大于理论中值。其维度水平表现是，家庭经济困难大学生职业决策自我效能感中的自我评价维度水平相对最高，其次是制定规划、选择目标、问题解决和收集信息。理工科的家庭经济困难大学生比文科的家庭经济困难大学生具有更强的职业决策收集信息、制定规划、问题解决的自信心。

第 7 章　家庭经济困难大学生未来时间洞察力、心理资本、领悟社会支持与职业决策自我效能感的关系分析

7.1　家庭经济困难大学生未来时间洞察力与职业决策自我效能感关系

根据研究中的回归模型发现，研究结果的模式跟预期的一样，未来时间洞察力对职业决策自我效能感具有预测效应。也就是说，家庭经济困难大学生的未来时间洞察力越高，其职业决策自我效能感就越高，对自己未来的职业决策越有自信心。这个发现与高未来时间洞察力个体更倾向于做出积极的目标选择的理论观点是一致的。根据社会情感选择理论，在封闭或开放的自我知觉的基础上，个体选择未来生活的目标与其时间展望是相互协调的，具有适应性和功能性特点。未来时间洞察力作为一种有关未来的人格特质，高未来时间洞察力的个体会更倾向于考虑未来，更关注未来目标的计划与实施，主动获取更多利于目标实现的信息，从而建构更积极的自我，做出积极的未来目标选择决策。一个积极的自我促使个体情绪状态的唤醒，激发积极的自我监控，进而促进个体自我效能感的提升。以往研究者的结论也获得了一致的发现（Walker&Tracey，2012；Jung et al..2015；张云逸，2020；徐碧波、陈晓云、王嘉莹、李娇娇，2021；许威，2021），未来时间洞察力对职业决策自

我效能感有直接的预测效应，并且在职业成熟度、求职结果因素上也表现出来预测效应，未来时间洞察力是关于对未来意识的感知，作为一种未来人格力量，对指向职业未来行为具有功能性。总之，这些发现是支持了以前的理论，即未来时间洞察力能促进职业决策自我效能感。此外，这些结果表明未来时间人格能引起高水平的职业未来行为，这对理解与建构家庭经济困难大学生职业发展教育与职业规划是具有一定的实践指导意义的。

7.2　心理资本、领悟社会支持的单独中介作用

一方面，未来时间洞察力可以通过心理资本的提升而加强家庭经济困难大学生的职业决策自我效能感，该研究结果也跟预期一样。积极情绪构建理论（Fredrickson，1998）认为，积极的情绪体验有助于增强个体认知灵活性和认知广度，更有效激发个体思维空间，更易于提出建设性的思想和产生积极行为。高未来时间洞察力的个体，具有更强的未来感知意识，倾向于开展发生职业规划、未来目标选择等行为，通过这些行为的不断强化，构建个体积极的未来自我角色。未来自我角色的促进，有助于个体在职业选择、职业准备中有更多的投入，表现得更加出色，获得积极乐观的情绪。感知到高未来时间认知的个体，其对未来职业行为上会有更高的投入，加之在行为实践中个体学习、生活、家庭等角色转换间积极情绪相互促进，和实现资源的整合运用，这为个体进行职业决策自信提供了很好的心理支持，积累更好的心理资本。根据 Luthans 心理资本理论观点，相较于社会资本和人力资本，心理资本更能积极地预测组织绩效和职业生涯成功。当个体感知到来自未来自我角色的积极促进时，如在未来职业准备、目标规划信我的促进和积极的情绪体验，会直接影响到个体对职业决策与职业选择的情绪和表现，积极的情绪体验有助于提升个体自我效能感，激励个体对未来职业问题保持较为乐观、充满希望的动机状态，获得心理资本，促使个体在职业选择与决策中表现更多的积极行为，从而加强职业决策自我效能感。该研究发现是支持了以往的这些理论的。相关研究结果也是支持了该研究发现，如

心理资本能在企业员工工作家庭促进与职业生涯成功之间发生中介作用(高晓萌、朱博、杜江红、李永鑫,2020),大学生心理资本与职业决策自我效能感具有显著正相关并通过职业决策自我效能感中介作用影响职业规划(王凯丽,2019),可见,心理资本的提升对家庭经济困难大学生的职业决策自我效能感有影响作用。

另一方面,未来时间洞察力也可以通过领悟社会支持水平的提升而增强家庭经济困难大学生的职业决策自我效能感,该模型结果和预期是一样的。同时,社会认知职业理论的情境因素视角(Lent&Brown,2013)也提出,个体通过寻求重要他人的信息支持、情感支持等社会支持以缓解压力的感知。在需求这些社会支持关系支持资源过程中,个体还获得被尊重和被接纳的感受,这些积极的社会关系反馈有助于个体自信的提升,从而获得职业决策自我效能感。因此,本书的研究研究是支持了该理论的。相关研究也证明,高未来时间洞察力的个体,更具有更拓展社会交往活动范围的能力,能联结更多的社会关系,因而高未来时间洞察力的个体,能获得更多的帮助,在积极的未来自我的驱动下,更能主动感受与接收外在的支持,这对高未来时间洞察力的个体建立了更容易获得利于自身发展的就业职业发展的信息收集与获取(梁群君,2017)。在不同的研究对象群体中也发现,领悟社会支持与职业决策自我效能感紧密相关,大学生获得的社会支持越多,越能增强就业过程中克服困难的信心,进而增强个体的职业决策自我效能感(郭蕾,2016)。家庭经济困难大学生的社会支持对其职业决策自我效能感有显著的预测效应。可见,领悟社会支持的提升,可以增强职业决策自我效能感,也可以增强未来时间洞察力对职业决策自我效能感的预测效应。

7.3 心理资本和领悟社会支持的链式中介作用

本研究中介效应模型显示,心理资本和领悟社会支持在未来时间洞察力与职业决策自我效能感关系之间起着链式中介作用。本研究发现,心理资本能够正向预测领悟社会支持,并且两者够互相联结对其他变量发生作用,这与以往的研究是一致的。在关于学习倦怠问题的研究中,研究发现,心理资本对领悟社会支持具有预测效应,心理资本与领悟社会支持能够联合起来,对学习倦怠和生活满意度的关系发生链式中介作用。该研究认为,心理资本能够让个体感受到希望、自信等积极心理品质和增强心理能量,这些可以提升个体对别人给与支持的感受力,提升领悟社会支持水平(王建坤、陈剑、郝秀娟、张平,2018)。另外,在探讨心理资本和社会支持在社会事件与主观幸福感关系之间的链式中介作用时,也获得了一致的研究结果(高素华,2017),心理资本与社会支持同样能够相互联结以增强个体的主观幸福感。可见,心理资本和领悟社会支持是可以联结发生作用的,进一步增强个体的职业决策自我效能感。以往的研究关注了领悟社会支持与自尊的联结影响作用,自尊这个变量具有内隐与外显的特征,在对大学生开展职业就业教育培养过程中,自尊水平的提升较难把握。本研究提出心理资本变量,其研究结果进一步丰富了未来时间洞察力对职业决策自我效能感的作用。同时,该结果的呈现与积极心理学理论框架相符合,未来时间洞察力、心理资本与领悟社会支持三变量为个体搭建了积极人格、积极情绪与积极的社会支持,提供了认知资源、心理资源与社会资源,以此基础为职业决策做好了充分准备,提高了决策自我效能感。相较于自尊变量,心理资本有系统且成熟的干预方法。因此,本研究对开展家庭经济困难大学生职业就业教育有较强的理论意义与实践意义。

第 8 章　研究结论、价值与局限

8.1　研究结论

本研究在以往研究的基础上,采用问卷调查的形式对家庭经济困难大学生未来时间洞察力、心理资本、领悟社会支持和职业决策自我效能之间的关系进行研究探讨,结论发现如下:

(1)家庭经济困难大学生的未来时间洞察力整体状况较好,水平偏上,对自身未来感知、未来意识比较积极。其中,家庭经济困难大学生的未来意向意识是相对最强的,其次是未来效能、目的意识、远目标定向及行为承诺。在人口学因素的表现上,单亲家庭经济困难大学生未来时间洞察力水平整体强于非单亲家庭经济困难大学生;理工科家庭经济困难大学生在未来效能维度上的水平显著强于文科家庭经济困难大学生;不同年级的家庭经济困难大学生在未来目的意识维度上的水平具有显著不同。

(2)家庭经济困难大学生的心理资本整体状况良好,在中等稍偏上水平,具有较积极的心理资本资源。其中,家庭经济困难大学生心理资本中希望品质表现相对最好,拥有较高的希望品质,其次是乐观、韧性和自我效能。在人口学因素的差异表现上,男性家庭经济困难大学生的韧性水平要强于女性家庭经济困难大学生;理工科的家庭经济困难大学生心理资本整体水平要优于文科的家庭经济困难大学生;理工科家庭经济困难大学生的韧性品质也优于文科的家庭经济困难大学生;单亲家庭经济困难大学生的心理资本整体情况优于非单亲家庭经济困难大学生，在韧性、乐观品质的表现上，也是优于非单亲家庭经济困难大学生；曾没有留守经历的家庭经济困难大学生的韧性品质要优于曾有留守经历的家庭经济困难大学生。

（3）家庭经济困难大学生领悟社会支持总体水平较高，对社会支持的领悟与感知是较积极的。其中，家庭经济困难大学生对朋友支持领悟较多较积极，其次是他人支持和家人支持。在人口学因素的差异表现上，理工科的家庭经济困难大学生在朋友支持的体验感知方面要明显优于文科家庭经济困难大学生；来自农村的家庭经济困难大学生在家人支持的体验感知上要明显优于来自城镇的家庭经济困难大学生。

（4）家庭经济困难大学生的职业决策自我效能感总体水平中等偏上，表现出了较好的职业决策自信心。其中，家庭经济困难大学生在职业自我评价维度上的水平是相对较高的，其次是制定职业规划、选择职业目标、问题解决和收集信息。在人口学因素的差异表现上，理工科的家庭经济困难大学生在职业决策收集信息、制定职业规划、问题解决维度水平上要明显优于文科的家庭经济困难大学生。

（5）家庭经济困难大学生未来时间洞察力、心理资本、领悟社会支持和职业决策自我效能四者之间两两存在显著相关关系。未来时间洞察力能正向预测职业决策自我效能感。

（6）家庭经济困难大学生的心理资本、领悟社会支持能单独在未来时间洞察力和职业决策自我效能感之间起中介作用。即增强家庭经济困难大学生的心理资本或者领悟社会支持感知，都能提升家庭经济困难大学生未来时间洞察力对职业决策自我效能感的预测作用。

（7）家庭经济困难大学生的心理资本、领悟社会支持在未来时间洞察力和职业决策自我效能感的作用路径中发生链式中介作用。即心理资本与领悟社会支持能联结起来发生作用，通过增强家庭经济困难大学生的心理资本水平，获取更积极的心理资源，进而提升领悟社会支持感知，从增强家庭经济困难大学生未来时间洞察力对职业决策自我效能感的预测作用。

8.2　本研究价值

本研究基于积极心理三支柱理论框架和社会情绪选择理论，探讨了家庭经济困难大学生未来时间洞察力及职业决策自我效能感之间的关机及作用机制。研究的结果发现，家庭经济困难大学生的未来时间洞察力可以通过心理资本、领悟社会支持的单独中介作用对职业决策自我效能感产生影响，也可以通过心理资本和领悟社会支持联结发生链式中介作用影响职业决策自我效能感。本研究发现深入和系统揭示了家庭经济困难大学生未来时间洞察力和职业决策自我效能感两者关系之间的的作用机制，丰富了职业决策自我效能感的产生机制研究，同时，引入并证实心理资本和领悟社会支持的链式中介作用，丰富了以往的研究体系。以往的研究对于未来时间洞察力对职业决策自我效能感的作用机制研究集中于自尊、情绪等影响变量的关注上，本研究引入个体心理资源的心理资本变量，并从积极情绪构建理论基础上建立链式中介模型，进一步证实了个体积极认知资源、积极心理资源、积极社会支持资源对构建职业决策自我效能感的内在联系，丰富了已有文献和相关模型，为后续的研究提供参考。

同时，对职业决策效能感的研究，本文首次关注到了家庭经济困难大学生，源于当前国家乡村振兴政策以及国家对困难大学生就业的帮扶政策，为高校解决及完善家庭经济困难大学生的资助教育、就业教育提供一定的理论支持。在实践上，职业决策自我效能感形成机制的探讨对开展家庭经济困难大学生职业就业指导教育具有重要的启示作用。家庭经济困难大学生未来时间洞察力能直接预测职业决策自我效能感，能单独通过心理资本或领悟社会支持对职业决策自我效能感产生影响，也能通过心理资本和领悟社会支持联结起来发生链式中介作用对职业决策自我效能感产生影响。因此，在开展家庭经济困难大学生职业就业教育指导过程中，高校教育工作非常有必要关注家庭经济困难大学生的未来时间洞察力、心理资本和领悟社会支持心理资源的培养与提升，从而增强他们的职业决策自我效能感，顺利实现就业。

8.3 研究局限

本研究过程中,尽最大努力控制调查过程中可能存在的误差,保证研究的严谨性、科学性与客观性,但也仍然存在一定的局限。

在研究方法上,本研究采用了问卷调查法对研究的四个变量进行探究,虽然从程序和统计上均可以忽略共同方法偏差,但是,单纯的自我报告方法是存在一定的局限性的,未来的研究可以进一步采用多主体评定的方法,或尝试拓展多种研究方法的相互结合,如采取实验和问卷测量结合等的干预方法,积极探索变量间的关系及其作用机制。

在研究设计上,本研究采用的是横断研究设计,虽然采用中介模型说明各变量间的预测作用,但还难以确定各变量间的因果关系,横断研究设计还是具有一定的局限性。未来研究还可以采用纵向研究的方式开展追踪研究,从多个时间点的角度考察未来时间洞察力和职业决策自我效能感,进一步验证和拓展本研究结果。

在被试样本上,本研究的量化研究采用随机抽样的方法,主要是对广西玉林一地高校600多名家庭经济困难大学生进行研究,学校来源单一,被试的男女比例不均衡。今后的研究,应该加大样本量、平衡人口学变量上的差异,拓宽被试来源,可从全国不同层次的各地的院校抽取更大样本量的家庭经济困难大学生进行考察,研究其未来时间洞察力、心理资本、领悟社会支持和职业决策自我效能感四者之间的关系。

第 9 章　提升家庭经济困难大学生职业决策自我效能感的路径分析

根据本研究得出的结论，下面探讨家庭经济困难大学生择业决策效能感培养模式：首先指出择业决策自我效能感培养的重点领域与关键环节，其次给出择业自我决策效能感培养的整体思路及分阶段目标，最后从积极心理学角度提出择业自我决策效能感培养的具体措施。

9.1　提升家庭经济困难大学生职业决策自我效能感关注的重点领域

9.1.1 重视职业决策自我效能感的学科差异

据本研究发现，相对于理工科，文科的家庭经济困难大学生的职业决策自我效能感问题较为突出，主要体现在职业决策收集信息、制定职业规划、问题解决方面。职业决策自我效能感是对自身职业选择及决策行为的自信感知，文科家庭经济困难大学生感知到的自身职业决策信息收集能力、制定职业规划能力、问题解决能力的自信心程度相对较低。因此，在进行家庭经济困难大学生就业精准帮扶行动中，我们非常有必要关注学科差异，尤其是要采取有效措施解决文科家庭经济困难家庭大学生信息收集、制定职业规划、问题解决方面的能力，提高职业决策自我效能感。

要提升信息收集、制定职业规划、问题解决方面的能力，高校就业部门需要面向不同学科特点完善就业能力培养体系和促进家庭经济困难大学生的自我接纳。由于学科内容不同,实际教学培养中,文科更讲究伦理和语言表达的能力,主要表现的能力是形象思维;理科则更注重推理和研究能力,主要表现的能力是逻辑思维。因此,在学生身上也发生了不同的结果特点,文科学生形象思维、情感细腻的特点,理科学生逻辑思维更强、推理能力更好。文理科的学科特点,在职业能力方面上出现了差异,文科学生在收集信息、制定规划、问题解决能力上自我感知的信心程度低,感知自身动手、推理能力较差,认为自己难以查收相关职业信息,制定职业规划有困难,遇到职业选择及决策行为中的问题没有信息解决。要消除“学科差异”,学校要迅速填补空位,平衡不同学科家庭经济困难大学生的职业决策自我效能感的差异,加大对文科家庭经济困难大学生的关心与指导,开展对他们就业精准帮扶的分类指导,帮助他们有效拓宽渠道获得职业信息,帮助职业规划制定引导,在职业选择问题中能提供更多咨询与帮助。同时,帮助他们更好形成自我认知,了解自身能力特点,使之能有能力客观、公正评价自己与他人,逐渐学会自我接纳,更全方面地提升自身职业决策自我效能感。

9.1.2 重视职业决策自我效能感分类能力的培养

本研究发现,家庭经济困难大学生在选择职业目标、问题解决和收集信息方面的能力的自我感知信心程度是相对较差的。这表明,家庭经济困难大学生对于选择未来的职业没有明确的目标与方向,存在一定的迷茫与困惑,收集职业相关信息的能力也比较差,不知道该从哪些方面着手了解未来就业的更多信息,解决问题的能力也较差。这些结果与彭永新对研究生、普通大学生的研究结果是相类似的,也说明这些问题在大学生群体或者是家庭经济困难大学生群体中比较普遍。这或者是跟我国当前的教育环境有关。在高中阶段职业规划教育还不够细化及普遍化,普通家庭的孩子更多还是依赖父母,甚至由父母包办,几乎不用孩子来操心,孩子们只需要用心读圣贤书;而家庭经济困难的孩子,由于父母忙于生计,缺少父母操心,且学校方面的引导不够细化,大部分时候只能靠自己、靠同学,因此较难给与信息收集、选择职业目标和问题解决这方面的指导。已经非常熟悉学校生活的大学生们,按部就班地开展大学生学习生活,而对自己的职业规划及设想还是处于等着他人给与的状态。这样学生是难以很好培养及发展自己的独立性的,因此在面临职业选择决策行为方面，需要自身主动去收集职业信息，选择职业目标和解决问题时候显得效能感低下，手足无措。

因此，高校在开展家庭经济困难大学生就业精准帮扶行动中，非常有必要针对职业决策自我效能感的分类能力提升培养。根据Betz和Taylor的职业决策自我效能感理论观点，其内容主要包含了自我评价、制定职业规划、制定职业目标、收集信息和问题解决五个具体方面的能力。具体而言，个体能完成对自身情况的准确认知，包括对自身能力、性格特点，及与职业相关的需要倾向、价值观、职业兴趣、自我概念的了解和评价，广泛获取或收集职业信息，能根据自身特点以及工作特点进行职业选择，确定职业目标，并能对职业目标的具体实施进行规划。在职业选择与决策过程中，个体对遇到的障碍与困难能够进行处理与应对，能进行问题解决。在这个职业决策过程中，个体对自身各方面能力的信心程度，体现为职业决策自我效能感。职业决策自我效能感水平对促进个体成功就业具有重要意义，特别是对各家庭经济困难的大学生，大家在专业水平同等的情况下，高职业决策自我效能感的学生对自身的未来职业选择与决策表现得更加乐观，更容易成功就业。职业决策自我效能感不是虚无的概念，它是来自学生在教育活动、个人经历当中的点滴积累，而逐渐形成的个体心理感知。家庭经济困难大学生，特别是一般院校的，他们大多来自农村，获得的家庭支持、社会资源相对较少。高校在对此类学生开展精准帮扶行动时，需要进行更加系统而细致的就业指导，不仅需要从宏观层面加强就业政策宣传，还需要从学生个体层面加强职业规划、职业目标选择的能力提升，开展更具体的就业能力活动，打开家庭经济困难学生的视野及操作动手能力，有效提升职业决策自我效能感。

9.1.3 把握未来时间洞察力、心理资本和领悟社会支持的关键作用

本研究发现，未来时间洞察力对家庭经济困难大学生的职业决策自我效能感的提升是具有预测效应的，也就是说随着家庭经济困难大学生的未来时间洞察力的增强，其职业决策自我效能感也得到增强。并且也进一步揭示了两者之间关系的作用机制，心理资本、领悟社会支持在两者间能独立发生中介作用，也能联合起来发生链式中介作用。这就提示我们，在加强对家庭经济困难大学生职业决策自我效能感的培养中，我

们必须要重视未来时间洞察力、心理资本和领悟社会支持心理因素的作用。高校在开展家庭经济困难大学生的就业精准帮扶过程中,需要厘清未来时间洞察力、心理资本和领悟社会支持三方心理要素与就业能力培养之间的内在联系,有效提升其职业决策自我效能感。未来时间洞察力是具有未来意识感知的人格特征,表现了对未来的认知、情感和行为倾向。心理资本包括希望、乐观、韧性和自我效能感等积极心理资源,其中希望为个体追求成功提供动力资源、乐观为个体提升技能化解困难持久保持积极心态、韧性促进个体从逆境或冲突中前进、自我效能感为个体顺利完成某一任务保持自信心,心理资本为个体维持与调节行为提供积极心理资源。领悟社会支持是个体与客观支持互动的结果,积极的领悟社会支持能力会产生个体积极的社会支持感受,给个体带来信心或能力的提升。落实到具体的就业教育实践中,高校教育工作者应增强家庭经济困难大学生的未来时间洞察力、培养其就业心理资本、促进积极的就业认知、提升领悟社会支持能力,以提高职业决策自我效能感,更好促进顺利就业。

9.2 提升家庭经济困难大学生职业决策自我效能感的培养路径

职业决策自我效能感的提升培养思路是需要整合主客观等各方面力量,围绕大学生的教育全过程提供良好的支持与指导。高校主管就业工作、家庭经济困难大学生资助工作的有关部门需要具体制定差别化的培养方案,分阶段开展就业指导,有效实现提升职业决策自我效能感,促进成功就业的目标。因此,对家庭经济困难大学生的职业决策自我效能感的提升培养,本研究提出是用以下这路径“全程性 - 阶段化 - 差异性 - 合力型”进行有效指导与培养。

9.2.1 全程性培养

据相关数据显示,家庭经济困难大学生比例在一般院校中占一半以上比例。目前,高校没有特别针对家庭经济困难大学生的就业指导,大部分就业指导是在临近毕业时候才开始,时间短,内容不够具体与丰富,效果不甚理想。随着国家的脱贫攻坚政策实施,在进一步巩固脱贫攻坚成果的背景下,2022年,团中央提出要加强对家庭经济困难大学生的就业帮扶,力争保就业、稳就业。家庭经济困难大学生的顺利就业除了外部环境支持,最主要的原因还在于自身就业能力的提高。高校对家庭经济困难大学生的就业帮扶,需要综合学生个人能力发展与行业发展趋势,给与学生更系统、更综合性的规划与指导,切实提升就业指导与帮扶的效果。就业能力的培养不是一蹴而就的,而是贯穿于学生发展的全过程。高校的就业指导须坚持全程培养的理念,就业工作要尽可能前置。从学生高考选专业开始,高校通过招生宣传工作,组织专家、教师深入中学,与考生、考生家长开展面对面交流咨询,解读大学专业,引导考生进一步清晰职业规划与职业目标,防止盲目选择专业。学生毕业也并不意味着就业指导工作的结束,高校还需要继续做好毕业生就业质量的跟踪调查与回访,建立毕业生学生就业质量资源数据库,做好毕业就业质量评价。毕业生就业质量评价是高校人才质量培养和办学指标的重要指标之一,是今后高考考生填报大学院校或专业的重要参考依据,也是对在校学生加强就业指导调整策略完善实施办法的重要参考。因此,高校要开展家庭经济困难大学生的就业指导与帮扶,增强就业能力,提升就业决策与选择自信,需要建立围绕大学生全程发展与培养的教育思路,把教育指导举措贯穿于大学全过程,有效提升培养质量。

9.2.2 阶段化培养

家庭经济困难学生的就业指导与帮扶是一项系统工程,其就业能力、就业自信的培养需要分成新生入学、大一、大二、大三、大四、毕业生跟踪等六个阶段。对家庭经济困难大学生开展新生入学教育是有必要的,且是有重要意义的。新生入学之际对未来的专业学习与就业选择又更是迷茫与彷徨的,高校应全面摸排大学生家庭经济情况,做好入学资助与帮扶。新生入学是专业认识、自我认识的重要阶段,高校需要开展相应入学教育活动给与指导、帮扶以及关心与关爱,提升家庭经济困难大学生的学业自信、就业自信,从而促进大学生自我成长与发展,构建积极自我,培养专业兴趣与就业发展眼光。大一阶段是职业规划阶段,高校就业指导相关部门需要针对家庭经济困难大学生开展职业理想教育，以及时间规划教育，培养与提升大学生未来时间洞察力，注重家庭经济困难大学生自我认识、积极心理的培养与积累，引导学生以积极的心态看待事物，养成积极的人生观与价值观，培养良好的作风。大二与大三是职业素养与个体素质训练阶段，主要是要提升专业技能和实践锻炼，积累实践经验，了解企业的用人需求与招聘标准，养成积极的职业观，形成积极的个人心理品质，更加明确职业目标与职业规划，并开始实施职业准备。大四是大学生就业能力就业自信展现的阶段，高校就业相关部门需要帮助学生了解就业相关政策及程序，特别是国家当前针对家庭经济困难大学生的帮扶计划相关政策与措施，多方位开展家庭经济困难大学生的职业能力提升，有效解决学生求职过程产生的焦虑等消极情绪，帮助大学生掌握求职竞聘技能，提升职业选择自信。家庭经济困难大学生的就业跟踪不仅是高校就业质量调查的重要部分，也是学校落实家庭经济困难大学生就业帮扶的效果检验，在这个阶段，了解学生就业能力与用人单位间需求匹配度，可以为调整今后学校调整或优化就业指导教育、制定相关帮扶举措、开展家庭经济困难学生能力训练及人才培养方案提供科学的参考依据。相对普通大学生，家庭经济困难大学生的就业帮扶是当前国家巩固脱贫攻坚成果的政治举措，高校开展好分段培养，能够有效提升家庭经济困难大学生就业指导效果，提升学生的职业自信与就业能力，促进学生成功就业。

9.2.3 差异性培养

本研究发现家庭经济困难大学生职业决策自我效能感是具有显著学科差异的，并且与未来时间洞察力、心理资本和领悟社会支持能力息息相关。因此，高校应该根据家庭经济困难学生的职业自信特点及职业选择具体情况制定差异性的人才培养方案，这种差异性应该主要体现在培养定位、培养规格与核心素质要求等方面。不同学科类型的人才培养定位应该有差异，面向的就业层面有所区别，其培养的学生能力会呈现差异。文科学生较工科学生在职业信息搜索、问题解决的职业决策能力上有所欠缺，在针对学科开展就业指导中，需要根据该差异进行优化教学指导。另外，家庭经济困难大学生由于经济原因，很可能接触到社会资源、探索新媒体搜寻职业信息资源等，没有普通大学生来得丰富，他们的未来远目标定向显得比普通大学生有所欠缺。通常，我们也调侃“贫穷限制了想象”。本研究结果恰是验证了这一种现象，家庭经济困难大学生的未来时间洞察力中远目标未来定向维度是相对其他维度排名靠后的。根据社会情绪选择理论，高未来时间洞察力的个体，更倾向于关注广阔的目标。相反的，低未来时间洞察力的个体，更倾向于关注眼前的计划与安排。由于自身家庭经济的状况，他们的资源相对匮乏，因此对自身的职业定位与目标规划更多是关注在近期目标。然而，家庭经济困难大学生的就业层面与普通大学生是站在同样的就业竞争层次上，因此，高校开展就业指导需要坚持差异化培养，根据群体差异性，针对家庭经济困难大学生的具体情况开展具体的指导，也是落实因材施教的举措。

9.2.4 合力型培养

在当前背景下，家庭经济困难学生的就业自信及就业能力培养是全方位工程，是政府、社会、高校、家庭和学生自身共同构建的责任共同体，每一组织或个体在当中都扮演重要角色，发挥不一样的作用，只有他们共同联动，相互促进，相互配合，才能获得最优的就业指导与就业帮扶效果，促进顺利就业。政府是制定家庭经济困难大学生帮扶政策的倡导者，应发挥推力的作用；家庭与社会是学生就业自信提升与就业能力培养的参与者，应发挥参与力的作用，做好协助者的角色；高校是推动者，对学生就业自信与就业能力的培养发挥主导力的作用，要做好主导者的角色；学生自身是实践者，是最重要的主观因素，只有他们自身主动融入该就业指导培养体系，主动探索与主动适应，积累积极心理资本，养成积极时间管理与职业规划，才能在面对就业选择决策和职业发展时具有更好的自信心，才能更好解决就业难的问题。当前，在政府对家庭经济困难大学生就业帮扶政策的积极推动下，高校更需要发挥主导者角色的作用，着力提升毕业生的就业自信与就业能力，培养积极自我与积极的职业就业观，激发大学生的主动性，形成合力培养的大好局面，强化家庭经济困难大学生就业帮扶、就业能力培养的效果。

第10章　构建家庭经济困难大学生积极就业教育体系

从积极心理学角度出发，根据当前高校就业指导教育体系，在本研究发现结论基础上，本文继续探讨构建高校家庭经济困难大学生的积极就业教育体系，以提升未来感知意识的开展职业规划教育，以增进学生的积极体验培养学生积极心理品质。

10.1　大学生的就业指导

大学生就业指导应当属于广义的就业指导，是兼顾学生个人发展特点特征与社会发展需要，以期达到职业适应性而进行的自觉自主、有科学根据地计划职业发展、合理选择职业的过程。大学生就业指导贯穿于整个大学阶段，包括择业的准备过程和毕业学期的择业过程。开展大学生就业指导的系统性教育包括两方面。首先，大学生个体心身发展指导，从心理学层面出发，引领与指导大学生积极进行自我探索，发现与挖掘个人特质与能力，提高自身综合素质和职业技能，建立正确的积极的人生观和价值观，提升自我决策自主能力，帮助大学生选择合适的职业；其次，大学生就业指导贯穿整个大学生涯，并且是一个长期逐步发展的过程，要注重培养发展大学生职业意识，发展职业能力，树立职业目标，为最后的就业及今后的职业适应建立坚实基础；最后，就业指导是专业性较强的工作，高校是大学生就业指导的承担者和实践者，高校就业指导就是大学生就业指导的最主要内容，需要全面服务于学生，需要更注重培养大学生的就业能力和生存能力，从而提高大学生就业率和职业适应性。

关于就业指导体系的研究。依据《辞海》,“体系”的定义解释是“若干有关事物互相联系互相制约而构成的一个整体”。“体系”英文中的释义,是“system”,是指有组织的一套相互作用的思想或原则。因此,一般情况下,体系指的是一定范围内或同类事物按照一定秩序和内部联系而组合成的整体。就业指导体系,在当前的研究里,大多是开展就业指导工作过程中所需要的一系列内容由其规律和联系而组合成的理论体系,主要包括全程化就业指导体系和就业指导服务体系。国内学者从不同角度提出了对就业指导体系的研究。刘和忠、程克强、田兆富等人从转变就业观念、完善就业法规、借助新兴媒体、强化制度改革、加强就业基地建设等方面提出优化高校就业指导体系对策,促使就业体系往全程化、个性化、专业化、智能化、互动性等多元体系转变,以适应新时代网络形势要求,提升高校学生自身发展的“软实力”,促进就业;也有学者提出,传统的就业指导“服务多于指导”“应聘服务多于选择指导服务”“政策指导多于职业指导”,基于此,高校就业指导更加注重就业指导的功能性研究,要强化就业指导体系内容的研究,创新就业指导的理念与途径。可见,高校就业指导工作体系是指,高校就业指导工作过程中的系列工作、活动和相关事物,由这些系列工作、活动和相关事物依据一定的原则、秩序和规律联系而组合成的较为完善的整体内容。

10.2　积极心理学主要观点

积极心理学作为一门新兴起的心理学运动,受到了学者们的广泛关注。它的理论观点可以从两个方面进行概括。

一是强调研究每个人的积极力量。在理论层面,积极心理学对传统心理学中关于消极、悲观的心理研究思想进行了批判与反思,在传统心理学研究的基础上,整合和诠释了关于积极心理研究的成果。认为心理学的意义不仅是研究疾病与健康,还应关注普通正常的人如何变得更积极,从积极的方向关注个体的积极性,提倡用开放和欣赏的眼光看待每一个人,发掘其优势和潜能,帮助人形成良性的心理状态或行为模式,实现获得幸福的目的。

二是积极心理学提倡对问题做出积极的解释。在实践层面,积极心理学认为个体或社会面对具体问题时做出积极的解释,会使个体或社会能从中获得积极的意义。积极心理学认为心理问题的出现并不能使个体获得优势力量或优秀品质,但通过对问题的解决、解释会为个体提供展现自己优秀品质和潜在能力的机会(任俊,叶浩生,2004);主张从探询问题形成问题原因、从问题本身获得积极体验两个方面获得寻求问题的积极意义(Miller & Harvey,2001)。它关注人自身的价值,探索自我发展、自我完善的内在能力。在获得积极意义中,研究如何激发并换新人的积极潜力,例如希望、勇气、职业道德等,促使个体与社会发展的和谐统一。

因此,从积极心理学的本质看,它的理论目的与大学生就业指导是具有一致性的。积极心理学致力于如何让消极回归正常普通,并进一步让正常普通变得更加积极与美好的研究,积极探询个体的积极品质,挖掘个体优势与潜能,强调积极力量研究,重视人的自身价值和人文关怀,从而实现个体的潜能发展与获取幸福。积极心理学的理论观点可以应用于大学生就业指导中,不仅可以解决和预防大学生就业过程中出现的负面心理问题,还可以积极引导大学生发掘自身价值与优点,培养积极品质,激发潜能与希望,建立信任与联系,从而实现就业指导中“授人以渔”的功能需求。积极心理学为大学生就业指导工作提供了新的思路和理论借鉴。因此,有必要在积极心理学视域下,开展大学生就业指导的研究。

10.3 营造积极的高校就业指导教育

随着每年大学生毕业人数的增多、社会大环境变化以及就业市场的供需变化,大学生就业形势具有不利因素的影响,不同程度地在影响大学生的心身变化。很多消极的思想与情感会渗透到大学生的世界观及价值观中,造成大学生对当前现实的认识缺乏正确性与客观性。积极心理学的理论观点应用于大学生的就业指导中,致力于帮助大学生提升主观能动性，培养个人创造性、积极性和建设性力量，提升个体的自我控制与自我决定，提高自尊与自信，增加自我效能感，关注人生价值与意义，提升职业决策，在择业时能拥有正确的价值观和职业观，树立积极而有意义的人生目标。因此，可以从个体层面和组织层面探讨积极心理学应用于大学生就业指导的价值功能。

10.3.1 完善高校职业生涯规划教育

生涯，从广义上来说，是指人的一生。生涯规划，是指在人的一生中对自己的各种职业和生活角色进行设计与规划。人的一生是漫长的，该如何规划才能更好开启职业与做好各生活角色呢？对于高校大学生来说，他们正处于人生中的关键阶段，是学业学习和未来人生选择的关键时期，毕业后该如何选择职业以及如何发展职业，这将是他们所面临的重要人生课题。依据本研究发现，未来时间洞察力对职业决策自我效能感能发挥正向预测作用，并通过心理资本和领悟社会支持的心理要素增强个体的职业决策自我效能感。这给我们带来了很好的启示，在开展高校职业生涯规划教育中，个体未来感知的人格特征、积极心理资本和积极的领悟社会支持能力是提升家庭经济困难大学生就业能力的关键因素。因此，建立积极的职业生涯规划至少涉及以下四方面要素：要充分完善自我认知，了解自我职业兴趣、自身性格特点、自身能力特长以及职业价值观，增强未来自我认识；要充分了解职业信息，具有获得对某种职业的基本技能、工作者能力兴趣特征、劳动力市场、职业前景等信息的能力，具备对未来职业的目标承诺、问题解决的能力；能积极行动与自我管理，个体的积极行动与其对自我的科学合理管理是密切相关的，个体在职业目标选择与确定、赋予职业行动、进行自我管理上采取积极行动，积极认识自我、积极进行职业兴趣了解和职业特点等的了解，积极地提升职业就业能力，积极寻找就业机会。以此，更全面地完善高校职业生涯规划教育，创建积极的就业指导教育体系。

10.3.2 提升家庭经济困难大学生积极心理品质

在就业指导教育中强调个体的潜能发掘与价值体现，促进培养积极品质和良好的就业心态。积极心理学认为每个个体都具有积极的潜在力量，具有自我完善与发展的能力，强调建设性、积极性和创造性，即面对问题与冲突时，个体能做出积极应对，积极表现内在优势与潜能。在积极心理学的理论观点指导下，大学生就业指导注重培育大学生的积极品质，增强积极体验，例如自信、坚韧、希望、满意、幸福等。在个体身处逆境时，能以自身的积极品质、自我潜能，为问题解决提供情感支持、激发勇气。大学生获得的主观幸福感、积极品质，可以更有效地拥有改变自己的信心与勇气，使自己懂得宽容，以此具备良好的心理素质，获得自身综合素质的提高。在求职与就业的过程中，大学生则能更好地应对问题，积极寻求适合自身的发展，表现自我价值与才能，最终实现就业目标。

学校是培养大学生积极心理品质的主阵地，要坚持以生为本，充分发挥学校教育的主导作用，以积极心理学理论为指导，围绕教学、体育锻炼参与、社会实践、校园活动等人才培养环节，提出以下对策，以开发学生心理潜能，增进积极体验，培养学生积极心理品质，以促进积极就业心理系统建设。

（1）营造积极的教学环境，提升大学生专业学习兴趣。通过对大学生所学专业的入学教育以及职业生涯教育，提高学生的专业兴趣，增强学习的积极性和主动性。开展课程思政，提升学生专业学习动机。在教学中不断创新课程教学方法，做到以学生为中心，例如采用情境教学法、角色扮演法、网络互动法等，增强积极心理品质教育的实效性。通过翻转课堂、线上与线下相结合的形式拓展教学内容，改进教学模式，使学生在课程学习中获得积极情绪体验。营造积极校风，推进班风建设，使大学生明确学习目标。发挥朋辈群体的激励作用，进行学风优良宿舍评选，提供大学生之间学习交流的机会。通过开展专业活动、专业技能竞赛增强学生专业自信，增设进步奖、鼓励奖。通过提升大学生的专业自信水平，为其学习生活提供积极情绪体验，进而激发进一步的学习行为，培养学习习惯，形成学业成绩与学习兴趣的良性互动。

（2）开展有效体育锻炼及指导，提升大学生积极情绪。根据积极情绪扩建理论，激活青少年体育锻炼与积极情感之间的联结不但有助于积极情绪的获得还将促进其锻炼行为。良好的体育锻炼有助于个体产生“流畅体验、尖峰体验、心流体验、幸福感体验”等美妙的情绪体验，缓解焦虑和疲劳。随着国家对大中小学生身体素质的重视，高校体育设施也得到了大力投入，为校园体育基础设施、运动场所提供了保障。由此，高校可以更有效地开展大学生体育课程教学活动，积极组织校运会、院运会，通过体育竞赛增强学生运动兴趣；采取多种途径培养学生运动习惯，如百日跑签到、环校跑等。不同的体育锻炼项目能够促进学生不同积极心理品质的培养，比如参加中长跑、马拉松比赛等耐力项目，会有效促进学生坚强、坚毅意志品质的培养；篮球、排球、足球等集体运动项目能够培养学生的团队合作精神和人际交往能力的提高。另外，可增设体育类选修课程，推动及指导体育类社团的开设，促进羽毛球、篮球、排球、马拉松等社团的日常活动开展。加大对体育类活动的重视。增强体育活动的趣味性，开展荧光夜跑、体育舞蹈表演等活动。通过评选体育锻炼标兵、体育锻炼打卡达人、累计长跑达人等体育锻炼先进个人鼓励高校学生开展体育锻炼。积极宣传体育锻炼的重要性，采用多种方式营造校园运动氛围，如挂横幅、摆放标语牌等。发挥教师的引导作用，以及体育委员的组织带头作用，积极组织班级定期开展体育锻炼。

（3）拓展课堂与社会实践的结合，增进积极心理体验。大学生除了学习知识和技能以外，通过系统的积极心理品质教育和社会实践来增强自身的综合素质是重要的途径。地方高校应该更好地为学生提供社会实践机会，进一步促进大学生社会实践能力的培养工作得到落实。通过制定积极的政策，开展对大学生社会实践系列活动，有效提升学生参与度，提高社会实践育人实效。在具体开展中，发挥榜样作用，如通过社会实践优秀个人评比，提升学生社会实践的积极性；结合课程教育内容，开展实践调查、实习等。在各种志愿服务、社会实践活动，如“三下乡”、“暑期挂职”、到福利院、敬老院进行志愿服务，切实增进学生的积极心理体验，增强学生“感受爱”“爱与友善”“勇敢坚持”“热情”“团队精神”等品质。促进地方高校大学生深入基层，在实践中锻炼吃苦耐劳、不畏困难、持之以恒、热情待人的积极品质。

（4）丰富校园活动锻炼平台，提升积极认知。高校可以通过开展人际交往课程、讲座，提升大学生社交智慧，提升人际认知，促进人际体验；丰富校园活动锻炼平台，鼓励学生在各种定位不同的社团中担任学生干部，锻炼学生各项能力，提高学生人际交往的智慧与勇气，并从中获得积极的心理体验。团体活动是挖掘大学生积极潜力的有效方式（吴焰，2018）。高校应促使大学生在团体的交往、沟通、观察中，加强团队精神。在交流中，不同思想体系相融合，推动学生认知发展。学生在团队中进行自我反思，控制个体行为以满足团体需要，培育节制方面的积极心理品质。在团体活动中，大学生的认知资源得到丰富，担任团体负责人、部门干部等，有助于培养大学生智慧与知识、勇气、公正维度的积极心理品质。

10.3.3 提升家庭经济困难大学生积极认知，培养积极的职业观

积极心理学主张研究个体的积极人格，并作为其非常重要的一个方面。积极心理学对人格的研究有其独特的分类标准：乐观型解释风格人格和悲观型解释风格人格。它特别强调心理学开展人格研究中要重点研究人格中的积极特质，特别是研究人格中关于积极力量和美德的人格特质。在这方面，积极心理学主要研究了 24 种人格特质，包括智慧、乐观、诚信、尊严和慈祥等。在这样的理论指导下，大学生就业指导要更加注重个体人格品质的完善，增强个体幸福观、学习观、职业观和价值观的培育，培养良好职业道德，更好适应今后的求职与择业，促进个体、学校和用人三者之间建立良好关系，实现更好的毕业生就业。

10.3.4 建立大学生就业指导的积极组织系统，提升积极的社会支持感

积极心理学主要研究家庭、学校和社会等组织系统，提出这些系统的建立有利于培育、发展人的积极力量和积极品质，也就是通过建立这些系统，最终是以促进个体幸福感体验为出发点和归宿。大学生就业指导工作的组织系统围绕家庭、学校和社会开展。在这三者之间建立与营造积极的氛围，对大学生的就业帮助大有益处。从家庭系统，构建良好的亲子关系，给与情感支持、信任的氛围；从学校系统，营造积极教育指导的氛围，建立积极的校园文化、积极的师生关系、积极的就业指导政策与服务，给与支持与成长型的教育指导；从社会系统，给与积极的就业政策、就业制度、就业媒介等。大学生就业指导的积极组织系统建立，是非常重要的，不仅为大学生建构积极人格的支持力量，而且是个人不断产生积极体验的最直接来源。大学生积极力量和积极体验的获得，则会更能从容面对择业与就业问题，更好追求与实现自我价值，促进自我发展，实现就业。

人是社会性动物，其成长和发展离不开社会环境。积极的校园制度，

引发积极的育人效果。当今自媒体时代，信息流传播快捷，大学生思想和行为深受社会主流文化和价值观的影响，作为育人主阵地的高校校园，应该构建积极的校园育人制度，提供积极的社会支持系统，从学校制度上制定学生参与社会实践、体育锻炼、学业成绩等的奖励性政策，在校园文化活动上，满足多样化需求，提供积极的学院、班级规定支持。由此增强校级、院级活动，拓展班级活动内涵，发展学生社团，加强学生与社会、同辈、师生等人群之间的交往联系，提供丰富交流平台，构建学生积极的社会支持系统，培养积极心理品质。

附录　量化研究工具

指导语：

亲爱的同学：

你好！

首先非常感谢你参加本次问卷调查。本次调查内容是关于大学生的生活状态和择业情况，请各位同学根据自己近期的真实状态，仔细读题，认真作答。该调查纯属于科学研究，调查结果只用于学术探讨，并对调查结果严格遵循保密原则，请各位同学放心作答。在此，再次感谢各位同学的参与！祝期末顺利，生活愉快！

基本信息：

你的性别：□男□女

你所在的年级：□大一□大二□大三□大四

你的学科：□理工科□文科

你的生源地：□农村□城镇

你当前是否评为贫困生？□是□否

你是否来自单亲家庭？□是□否

从你出生至18周岁期间，你的父亲或母亲或父母双方是否曾外出工作过，而你留在家乡没有和他/她/他们生活在一起，且持续时间在半年以上？□是□否

第一部分：大学生未来时间洞察力量表(FTP)

请你仔细阅读以下题目陈述，将你的实际情况和感受与下面的各种描述对照，并根据你的真实情况在每个项目后面合适的数字上打勾(√)。(矩阵单选)

	完全不符合	有点符合	比较符合	完全符合
1. 我每天都有努力的目标	1	2	3	4
2. 我认为自己的未来主要是命运决定的	1	2	3	4
3. 我经常提醒自己不要忘了未来最重要的目标	1	2	3	4
4. 我相信我有能力建造自己美好的明天	1	2	3	4
5. 展望未来我要做的事非常多	1	2	3	4
6. 我知道自己当前的主要任务是什么	1	2	3	4
7. 一旦确定目标，我就采取达到目标的具体措施	1	2	3	4
8. 我常常设想五年以后要达到的目标	1	2	3	4
9. 我认为自己的未来是美好的	1	2	3	4
10. 我根据是否有利于实现长远目标来评价人生发展的信息	1	2	3	4
11. 我经常想象在以后的生命历程中自己会怎样变化	1	2	3	4
12. 一旦决定了做什么，我就考虑怎么去完成要做的事情	1	2	3	4
13. 我知道未来有很多任务要去完成	1	2	3	4
14. 我是通过逐步地推进，准时完成计划的	1	2	3	4
15. 我经常反省自己长远的人生目标是什么	1	2	3	4
16. 我对自己的未来充满了自信	1	2	3	4
17. 我生活的轨迹是由我不能控制的力量决定的	1	2	3	4
18. 我常常感到生活没有目的	1	2	3	4
19. 我相当关注别人对我今后发展的否定性评价	1	2	3	4
20. 我对自己未来的认识很模糊	1	2	3	4

第二部分：大学生心理资本量表

这一部分的每个题目共有 7 个选项，数字“1”代表完全不符合，数字“7”代表完全符合，数字越靠近“1”不符合程度就越高，越靠近“7”符合程度就越高。请你仔细阅读各项陈述，并与自己真实情况对照，选择相应的选项。（矩阵单选题）

	1 完全不符合———7 完全符合						
1. 很多人欣赏我的才干	1	2	3	4	5	6	7
2. 我不爱生气	1	2	3	4	5	6	7
3. 我的见解和能力超过一般人	1	2	3	4	5	6	7
4. 遇到挫折时，我能很快地恢复过来	1	2	3	4	5	6	7
5. 我对自己的能力很有信心	1	2	3	4	5	6	7
6. 生活中的不愉快，我很少在意	1	2	3	4	5	6	7
7. 我总是能出色地完成任务	1	2	3	4	5	6	7
8. 糟糕的经历会让我郁闷很久	1	2	3	4	5	6	7
9. 面对困难时，我会很冷静地寻求解决的方法	1	2	3	4	5	6	7
10. 我觉得自己活得很累	1	2	3	4	5	6	7
11. 我乐于承担困难和有挑战性的工作	1	2	3	4	5	6	7
12. 不顺心的时候，我容易垂头丧气	1	2	3	4	5	6	7
13. 身处逆境时，我会积极尝试不同的策略	1	2	3	4	5	6	7
14. 压力大的时候，我会吃不好、睡不香	1	2	3	4	5	6	7
15. 我积极地学习和工作，以实现自己的理想	1	2	3	4	5	6	7
16. 情况不确定时，我总是预期会有很好的结果	1	2	3	4	5	6	7
17. 我正在为实现自己的目标而努力	1	2	3	4	5	6	7
18. 我总是看到事物好的一面	1	2	3	4	5	6	7
19. 我充满信心地追求自己的目标	1	2	3	4	5	6	7
20. 我觉得社会上好人还是占绝大多数	1	2	3	4	5	6	7
21. 对自己的学习和生活，我有一定的规划	1	2	3	4	5	6	7
22. 大多数的时候，我都是意气风发的	1	2	3	4	5	6	7

续表

	1完全不符合——7完全符合						
23. 我很清楚自己想要什么样的生活	1	2	3	4	5	6	7
24. 我觉得生活是美好的	1	2	3	4	5	6	7
25. 我也不知道自己的生活目标是什么	1	2	3	4	5	6	7
26. 我觉得前途充满希望	1	2	3	4	5	6	7

第三部分：领悟社会支持量表（PSSS）

以下有12个句子，请根据你的实际情况（实际感受），在右面适合的数字上打“√”。答案没有对错之分，对每个句子无需考虑过多。（矩阵单选题）

	1极不同意	2很不同意	3稍不同意	4中立	5稍同意	6很同意	7极同意
1. 在我遇到问题时，有些人（老师、亲戚、同学）会出现在我身旁	1	2	3	4	5	6	7
2. 我能够与有些人（老师、亲戚、同学）共享快乐与忧伤	1	2	3	4	5	6	7
3. 我的家庭能够切实具体地给我帮助	1	2	3	4	5	6	7
4. 在需要时，我能够从家庭获得感情上的帮助和支持	1	2	3	4	5	6	7
5. 当我有困难时，有些人（老师、亲戚、同学）是安慰我的真正源泉	1	2	3	4	5	6	7
6. 我的朋友能真正地帮助我	1	2	3	4	5	6	7
7. 在发生困难时，我可以依靠我的朋友们	1	2	3	4	5	6	7
8. 我能与自己的家庭谈论我的难题	1	2	3	4	5	6	7
9. 我的朋友们能与我分享快乐和忧伤	1	2	3	4	5	6	7
10. 在我的生活中，有些人（老师、亲戚、同学）关心着我的感情	1	2	3	4	5	6	7

续表

	1极不同意	2很不同意	3稍不同意	4中立	5稍同意	6很同意	7极同意
11. 我的家庭能心甘情愿协助我做出各种决定	1	2	3	4	5	6	7
12. 我能与朋友们讨论自己的难题	1	2	3	4	5	6	7

第四部分：大学生职业决策自我效能感量表

这一部分的每个题目有五个选项，请根据自己的实际情况与选项表述对照，并选择相应的选项。（矩阵单选题）

	1完全没有信心	2有一点信心	3有一些信心	4比较有信心	5完全有信心
1. 你有多大信心能够列出几个你感兴趣的职业或工作	1	2	3	4	5
2. 你有多大信心能够查找你感兴趣职业或工作的信息	1	2	3	4	5
3. 你有多大信心能够选择一个适合你个人前途的职业或工作	1	2	3	4	5
4. 你有多大信心能够为你的职业或工作目标制定下一个近期和长期计划	1	2	3	4	5
5. 你有多大信心能够即使你灰心丧气时，仍坚持为你的职业目标而努力	1	2	3	4	5
6. 你有多大信心能够确定你理想的职业或工作是什么	1	2	3	4	5
7. 你有多大信心查找有关聘用你所在系大学生用人单位的信息	1	2	3	4	5
8. 你有多大信心能够从你正在考虑的可能的职业或工作中挑选一个职业或工作	1	2	3	4	5
9. 你有多大信心能够确定你需要采取的行动步骤，以便成功地获得你已选择的职业或工作	1	2	3	4	5

续表

	1 完全没有信心	2 有一点信心	3 有一些信心	4 比较有信心	5 完全有信心
10. 你有多大信心能够判断一种职业或工作中你认为最有价值的东西	1	2	3	4	5
11. 你有多大信心能够了解某一职业或工作的发展前景	1	2	3	4	5
12. 你有多大信心能够选择一个适合你喜爱的生活方式的职业或工作	1	2	3	4	5
13. 你有多大信心能够做出职业决定，不会担心是对还是错	1	2	3	4	5
14. 你有多大信心能够获取老师或辅导员的求职推荐信	1	2	3	4	5
15. 你有多大信心能够解决找工作时遇到的经济困难	1	2	3	4	5
16. 你有多大信心能够确定你最有能力的职业或工作	1	2	3	4	5
17. 你有多大信心能够找老师询问与你所学专业有关的职业和工作的情况	1	2	3	4	5
18. 你有多大信心能够选择你的父母不同意的职业或工作	1	2	3	4	5
19. 你有多大信心能够获得与你未来职业或工作目标有关的工作经验	1	2	3	4	5
20. 你有多大信心能够当你的父母或朋友要你从事你力不能及的职业时，违背他们的意愿	1	2	3	4	5
21. 你有多大信心能够描述你想要从事职业的工作事务	1	2	3	4	5
22. 你有多大信心能够找到并利用人才交流中心，参加人才交流会	1	2	3	4	5
23. 你有多大信心能够解决与男或女朋友求职时的各种冲突	1	2	3	4	5
24. 你有多大信心能够为了实现你的职业目标，列出你愿意或不愿意失去什么	1	2	3	4	5

续表

	1 完全没有信心	2 有一点信心	3 有一些信心	4 比较有信心	5 完全有信心
25. 你有多大信心能够查明目前或未来某种职业的就业趋势	1	2	3	4	5
26. 你有多大信心能够选择一个适合你兴趣的职业或工作	1	2	3	4	5
27. 你有多大信心为了你的职业目标，决定你是否报考研究生或参加职业培训	1	2	3	4	5
28. 你有多大信心能够查明某职业或工作的人均月收入或年收入	1	2	3	4	5
29. 你有多大信心能够选择一个适合你能力的职业或工作	1	2	3	4	5
30. 你有多大信心能够学习专业以外的有助于你未来职业的技能	1	2	3	4	5
31. 你有多大信心能够准确地评价你的能力	1	2	3	4	5
32. 你有多大信心能够找一个你感兴趣职业或工作的已参加工作的人交谈	1	2	3	4	5
33. 你有多大信心能够挑选一个最好的职业或工作，即使要付出更大的努力	1	2	3	4	5
34. 你有多大信心能够利用各种社会关系，获得职业和工作信息	1	2	3	4	5
35. 你有多大信心能够利用国家就业政策和法规，保护自己的正当权益	1	2	3	4	5
36. 你有多大信心查找关于研究生招生的信息	1	2	3	4	5
37. 你有多大信心能够选择你想要的职业或工作，即使它的就业机会呈下降趋势	1	2	3	4	5
38. 你有多大信心能够成功地应付求职面试过程	1	2	3	4	5
39. 你有多大信心能够找到就业机会严重不足时的暂时应对施	1	2	3	4	5

参考文献

英文文献:

[1] Agarwal A, Tripathi K K, Srivastava M. Social roots and psychological implications of time perspective[J]. International Journal of Psychology, 1983, 18 (1–4): 367–380.

[2] Avolio B J, Luthans F.The high impact leader : moments matter in accelerating authentic leadership development[M]. Mc Graw–Hill,2006.

[3] Babalola S S. Women entrepreneurial innovative behavior: The rolc of psychological capital[J].International Journal of Business and Management.2009,4 (11): 184–192.

[4] Bandura A. Self–efficacy. Toward a unifying theory of behaviour change [J].Psychological Review, 1977,84 (3): 191–215.

[5] Barrera M.Distinctions between social support concepts, measures, and models[J].American Journal of Community Psychology, 1986,14 (4): 413– 445.

[6] Berkman L F, Syme L.Social networks, host resistance, and mortality: A nine–year follow–up study of Alameda County residents[J]. American Journal of Epidemiology, 1979,109: 186–204.

[7] Betz N E, Hackett G. The relationg of career–related self–efficacy expaectation to perceived career options in college women and mens [J]. Journal of Couseling Psychology.1981,28: 399–410.

[8] Betz N E, Klein K L , Taylor K M. Evaluation of a short form of the career decision making self– efficacy scale[J].Journal of Career

Assessment , 1996 ,4 (1): 47-57.

[9] Blumenthal J A, Woods S .Social support, type A behavior and coronary artery disease [J]. Psychosomatic Medicine, 1987, 49 (2): 339.

[10] Brisetle I, Scheier M F, Carver C S.The role of optimism in social network development, coping, and psychological adjustment during a life transition[J].Journal of Personality and Social Psychology, 2002,82 (1): 102-111.

[11] Bronfenbrenner U.The ecology of human development: Experiences by nature and design[M].Harvard University Press,1979.

[12] Carelli M G,Wiberg B,Wiberg M.Development and Construct Validation of the Swedish Zimbardo Time Perspective Inventory[J]. European Journal of Psychological Assessment, 2011,27: 220-227.

[13] Carstensen L L, Isaacowitz D M, Charles S T.Taking Time Seriously: A Theory of Social emotional Selectivity[J] .American Psychologist, 1999,54: 165-181.

[14] Carstensen L L.The influence of a sense of time on human development[J]. Science, 2006,312 (5782): 1913-1915.

[15] Cobb S. Social support as a moderator of life stress.[J] Psychosomatic Medicine,1976, 3$: 300-314.

[16] ohen S, Wills T A.Stress, social support, and the buffering hypothesis[J].Psychological Bulletin,1985,98 (2): 310-357.

[17]Compas B E, Connor-Smith J K. Coping with stress during childhood and adolescence: problems, progress, and potential in theory and research [J]. Psychological Bulletin,2001,127 (1): 87-127.

[18] Creten H, Lens W, Simons J. Theroleofperceivedinstrumentalityinstudentmotivation[J]. In Trendsand prospects in motivation research. Springer, Dordrecht,2001.

[19] Cutrona C E, Troutman B R. Social support, infant temperament, and parenting self efficacy: A meditational model of postpartum depression [J]. Child Development.1986,57: 1507-1518.102307/1 I 30428 [PubMed: 3802975]

[20] Dunkel-Schetter C, Bennett T L.Differentiating the cognitive and behavioral aspects of socialsupport[J].In: I.G.Sarason, B.R.Sarason, & G.R.Pierce (Eds.).Social support: an interactional view.New York: Wiley, 1990: 267–296.

[21] Frank L K.Time perspectives[J].Journal of Social Philosophy, 1939, 4: 293–312.

[22] Fredrickson B. What Good Are Positive Emotions ? [J]. Review of General Psychology Journal of Division of the American Psychological Association , 1998, 2 (3): 300–319.

[23] Gjesme T. On the cocnept of future time orientation: considerations of some function' and measurementis' implications [J]. International Journal of Psychology, 1983, 10, 444–460.

[24] Yang G L, Wang Z H, Wu W J.Social comparison orientation and mental health: The mediating role of psychological capital[J]. Social Behavior and Personality, 2021, 49 (1): 1–11.

[25] Gushue G V, Clarke C P, Pantzer K M. Sellf–efficacy , perceptions of barriers ,vocational identity , and the career exploration behavior of Latino/a high school students[J].The Career Development Quarterly, 2006, 54 (4): 307–317.

[26] Harter S. Developmental perspective on the self system [A]. In Mussen PH (ed) . Handbook of Child Psychology. 1983, 4 (1): 275–386.

[27] Hayes A F.Introduction to mediation, moderation, and conditional process analysis: A regression–based approach[J].Journal of Educational Measurement, 2013, 51 (3): 335–337.

[28] Hosen R, Solovey–Hosen D, Stern L.Education and capital development: Capital as durable personal, social, economic and political Influences on the happiness of individuals[J]. Education, 2003, 123 (3): 496–513.

[29] Hudson A L, Lee K A, Miramontes H, et al. Social interactions, perceived support, and 1evel of distress in HIV positive women[J]. Association of Nurses in AIDS Care, 2001, 12 (4): 1132–1147.

[30] Husman J,Lens W. Theroleofthefutureinstudentmotivation. [J] EducationalPsychologist, 1999,34（2）: 113–125

[31] Husman J, Shell D F. Beliefs and perceptions about the future: A measurement of future time perspective[J] . Learning and Individual Differences, 2008,18: 166–175.

[32] Coleman J S. Foundations of Social Theory[M]. Cambridge: Cambridge University Press,1990: 306–310.

[33] Jex S M, Bliese P D. Efficacy Beliefs as a Moderator of the Impact of Work–Related Stressors: A Multilevel Study[J]. Journal of Applied Psychology, 1999,84: 349–361.

[34]Jung H, Park I J, Rie J. Future time perspective and career decisions: The moderatingeffects of affect spin[J].Journal of Vocational Behavior, 2015,89（3）, 46–55.

[35] Kastenbaum R.Cognitive and personal futurity in later life[J]. Journal of Individlual Psychologr, 1963,19: 216–222.

[36] Kessler R C, McLeod J D. Sex–differences in vulnerability to undesirable life events[J]. American Sociological Review, 1984, 49: 620–631.

[37] Lakey B, Cassady P B.Cognitive processes in perceived social support[J] . Journal of Personality and Social Psychology, 1990,59: 337–343.

[38] Lent R W, Brown S D.Social cognitive model of career self–management: Toward a unifyingviewofadaptivecareerbehavioracrossthelifespan [J]. JournalofCounselingPsychology, 2013,60（5）: 557–568.

[39] Lent R W, Brown S D, Hackett G. Contextual supports and barriers to career choice: A social cognitive analysis[J].Journal of Counseling Psychology,47（12）: 36–49.

[40] Letcher L, Niehoff B.Psychological capital and wages: A behavioral economic approach[R]. Paper submitted to be considered for presentation at the Midwest Academy of Management, Minneapolis, MN,2004.

[41] Lewin K. Field theory and experiment in social psychology concepts and methods[J] . American Journal of Sociology, 1939,44:

397–404.

[42] Luthans F, Youssef CM, Avolio B J. Psychological capital: Developing the human competitive edge[M]. Oxford, UK : Oxford University Press, 2007.

[43]Luthans F.Positive organizational behavior: developing and managing psychological strengths[J].Academy of Management Exactive, 2002 (16): 57–72.

[44] Luthans F B, Avolio B J, Walumbw F O, et al. The psychological capital of Chinese workers: Exploring the relationship with performance[J]. Management and Organization Review, 2005, 1 (2): 249–271.

[45] Markus H, Nuirus P. Possible elves[J].American Psychology, 1986, 41: 954–969.

[46] Mclnerney D M. A discussion of future time perspective[J]. Educational Psychology Review, 2004, 16, 141–151.

[47] Molassiotis A, van den Akker O B, Boughton B J.Perceived social support, family environment and psychosocial recovery in bone marrow transplant long–term survivors[J]. Social science & medicine, 1997, 44 (3): 245–263.

[48]Munroe s, StEiner S. Social support and psychopathology: Interrelations with preexisting disorder, stress and personality[J]. Journal of Abnormal Psychology, 1986, 95: 29–39.

[49]Newman A, Ucbasaran D, Zhu F, et al. Psychological capital: A review and synthesis [J]. Journal of Organizational Behavior, 2014 (35): S120–S138.

[50]Nurmi J E. Development of orientation to the future during early adolescence: a four–year longitudinal study and two cross–sectional comparisons[J]. International Journal of Psychology, 1989, 24, 195–214.

[51]Nuttin J. Motivation, Planning and Action[M]. Leuven University Press, Leuven, 1984.

[52]Nuttin J, Lens W. uture Time Perspective and Motivation: Theory and Research Method, N J: Leuven University Press &

Lawrence Erlbaum Associates Pronin, E.(2008, May 30). How we see ourselves and how we see others[J]. Science, 1985,320: 1177-1180.

[53]Patwardhan Irina, Mason W Alex, Savolainen Jukka, et al. Childhood cumulative contextual risk and depression diagnosis among young adults: The mediating roles of adolescent alcohol use and perceived social support[J]. Journal of adolescence, 2017,60: 211-223.

[54]Pearlin L 1.Social Structure and Social SupportProcesses[G]/ Social Support and Health. Florida: Ac -ademic Press, 1985.

[55]Platt J, Keyes K M, Koenen K C.Size of the social network versus quality of social support: which is more protective againstPTSD7[J].Social Psychiatry and Psychiatric Epidemiology, 2014,49(8): 1279-1286.

[56]Podsakoff P M, MacKenzie S B, Lee J -Y, et al. Common method biases in behavioral research: A critical review of the literature and recommended remedies[J].Journal of Applied Psychology, 2003, 88: 879-903.

[57]Procidano M E, Heller K. Measures of perceived social support from friends and from family: Three validation studies [J]. American Journal of Community Psychology, 1983,11: 1-24.

[58]Savickas M L. Career Construction: A Developmental Theory of Vocational Behavior. In D. Brown (Ed.), Career Choice and Development[J]. San Francisco, CA: John Wiley & Sons,2002: 149-205.

[59] Savickas M L. Career Construction Theory and Practice. In S. D. Brown, & R. W. Lent (Eds.), Career Development and Counseling: Putting Theory and Research to Work[J].Hoboken, NJ: John Wiley & Sons., 2013: 144-180.

[60]Savickas M L, Porfeli, E J.Career Adapt-Abilities Scale: Construction, Reliability, and Measurement Equivalence across 13 Countries[J]. Journal of Vocational Behavior, 2012,80: 661-673.

[61]Scot A B, Ciani K D.Effects of an undengraduate career class

on men' 8 and women' 8 career decision-making slf-fficacy and vocational identity[J].Journal of Carer Development, 2008,34 (3): 263-285.

[62]Seginer R, Mahajna S." Education is a weapon in women' s hands": how Israeli Arab girls construe their future[J].Journal of Sociology of Education and I Socialization, 2003,23: 200-214.

[63]Seligman E P.Authentic Happiness [M].New York: Free Press, 2002.

[64]Tabachnick S E, Miller R B, Relyea G E. The relationships among students' future-oriented goalsand subgoals, perceived task instrumentality, and task-oriented self-regulationstrategies in an academic envi-ronment[J]. Journal of Educational Psychology, 2008, 100 (3): 629.

[65]Taber B J, Blankemeyer M. Future work self and career adaptability in the prediction of proactive career behaviors [J].Journal of Vocational Behavior, 2015,86 (3): 20-27.

[66]Taylor K M, Betz N E. Applications of self-efficacy theory to the understanding and treatment of career indecision[J] .Journal of Vocational Behavior, 1983,22 (1): 63-81.

[67]Teti D M, Gelfand D M. Behavioral competence among mothers of infants in the first year: The mediational role of matermal self-efficacy [J]. Child Development, 1991,62: 918-929.

[68]TheaT D. Peet sma. Future time perspective as a predictor of school investment[J]. Scandinavian Journal of Educational Research, 2000,44 (2): 177-192.

[69]Thompson M N, Subich L M. The relation of social status to the career decision-making process[J].Journal of Vocational Behavior, 2006 ,69: 289-301.

[70]Tolman, Ed. Purposive behavior in animals and men [M]. London, England: Random House UK, 1932.

[71]Trommsdorff G.Future orientation and socialization[J]. International Journal of Psychology,1983,18: 381-400.

[72]Turner R J, Frankle G, Levin D.Social support: Conceptua-

lization, measurement, and implication for mental health[J]. Research in community and mental health, 1983, 3: 67–111.

[73]Walker T L, Tracey T J. The role of future time perspective in career decision–making[J].Journal of Vocational Behavior, 2012, 8（3）: 150158.

[74]Wallace A F C.Human Behavior in Extreme Situations.[J]Washington, DC, USA: National Research Council, National Academny of Science, 1956.

[75]Wallace R J S–R.Compatibility and idea of a response code[J]. Journal of Experimental Psychology, 1971, 88（3）: 354–360.

[76] Walumbwa F O, Luthans F, Avey J B, et al. Authentically leading groups: The mediating role of collective psychological capital and trust[J]. Journal of Organizational Behavior, 2011, 32: 4–24.

[77]Warheit G J.Life events, coping, stress, and depressive symptomatology[J]. Am J Psychiatry, 1979, 136: 502–507.

[78]Zimbardo P G, Boyd J N.Putting time in perspective: a valid, reliable individual–differences metric[J].Journal Of Personality and SociialPsychology, 1999, 77（6）: 1271–1288.

[79]Zimet G D, Dahlem N W, Zimet S G, et al. The multidimensional scale of perceived social support[J]. Journal of personality assessment, 1988, 52（1）: 30–41.

中文文献：

[1] Luthans F, Youssef C M. 心理资本 [M]. 李超平译 . 北京：中国轻工业出版社，2008.

[2] 班杜拉著 . 思想和行动的社会基础——社会认知理论 [M]. 上海：华东师范大学出版社，2000.

[3] 蔡秀，姜博，郭明雨，等 . 家庭系统情境对职业决策自我效能感的影响研究——以萨提亚家庭理论为视角 [J]. 北京青年研究，2020，29（1）：36–45.

[4] 陈菁 . 大学生自我领导、心理资本和职业生涯规划的关系研究 [D]. 北京：北京理工大学，2015.

[5] 陈立 . 专业承诺与择业自我效能感、职业决策困难的关系研究——从特殊教育师范生视角 [J]. 现代特殊教育，2019（16）：19-24.

[6] 陈琳珏 . 职业社会支持对大学生职业兴趣的影响：职业决策自我效能感的中介作用 [D]. 上海：上海师范大学，2017.

[7] 陈永进，黄希庭 . 未来时间洞察力的目标作用 [J]. 心理科学，2005，28（5）：1096-1099.

[8] 陈羽菲 . 心理弹性对职业决策自我效能感的预测：学习经验的中介作用 [D]. 上海：华东师范大学，2021

[9] 陈语萱，郑雪艳 . 大学生职业决策自我效能感的影响因素探究 [J]. 就业与保障，2020（24）：43-44.

[10] 代文武，王晓玲，王家华，等 . 寄宿制高中生领悟社会支持对学习投入的影响：自尊的中介作用及感恩的调节效应 [A]. 第二十三届全国心理学学术会议摘要集（下）[C]，2021：1198-1199.

[11] 戴蒂 . 蒙汉大学生前瞻性人格和未来时间洞察力的相关研究 [D]. 呼和浩特：内蒙古师范大学，2014.

[12] 狄敏，黄希庭，张志杰 . 试论职业自我效能感 [J]. 西南师范大学学报（人文社会科学版），2003，29（5）：22-26.

[13] 段修云，徐明津 . 大学生的社会支持心理资本和职业决策自我效能感的关系 [J]. 校园心理，2017，15（5）：358-361.

[14] 范文淑 . 大学生未来时间洞察力与拖延行为的关系：自尊、成就动机的中介效应 [D]. 成都：四川师范大学，2017.

[15] 付立菲，张阔 . 大学生积极心理资本与学习倦怠状况的关系 [J]. 中国健康心理学杂志，2010，18（11）：1356-1359.

[16] 高斌 . 高中生未来时间洞察力、时间管理倾向与专业决策自我效能感的关系研究 .[D]. 武汉：武汉大学，2019.

[17] 高申春 . 自我效能理论评述 [J]. 心理发展与教育，2000，16（1）：60-63.

[18] 高素华 . 大学生生活事件与主观幸福感间的作用机制研究——以心理资本和社会支持为中介 [J]. 教育学术月刊，2017（3）：95-99.

[19] 高晓萌，朱博，杜江红，等 . 企业员工工作家庭促进与职业生涯成功的关系：心理资本的中介作用 [J]. 中国临床心理学杂志，2020，28（1）：181-184+86.

[20] 龚慧 . 大学生心理资本影响因素与培养策略研究 [D]. 西安：

西安电子科技大学,2018.

[21] 郭敏 . 女大学生职业决策自我效能、社会支持及其相关研究 [D]. 武汉：华中师范大学,2007.

[22] 郭犇 . 贫困大学生领悟社会支持与社交焦虑的关系——共情能力的中介效应 [D]. 漳州：闽南师范大学,2020.

[23] 韩永清 . 高校特困生的心理问题调查及对策研究 [J]. 山西高等学校社会科学学报,2002,4（9）：106-107.

[24] 何瑾,樊富珉 . 团体辅导提高贫困大学生心理健康水平的效果研究——基于积极心理学的理论 [J]. 中国临床心理学杂志,2010（3）：397-399,402.

[25] 何少颖,林晓桂,蒋苾菁,等 . 福建省高校贫困大学生心理健康水平与人格特征 [J]. 中国组织工程研究与临床康复,2007,11（30）：5977-5979.

[26] 何友天 . 大学生积极心理资本、学业压力与课堂疏离感关系研究 [J]. 科教导刊(上旬 刊),2017（12）：183-185.

[27] 胡春红 . 影响大学生人际关系的个性因素研究 [J]. 中国健康心理学杂志,2010,18（12）：1472-1473.

[28] 胡艳红 . 大学生择业效能感的因素分析及其与职业兴趣、职业价值观的关系研究 [D]. 西安：陕西师范大学,2003.

[29] 黄江喜,张清桃,常保瑞 . 大学生领悟社会支持与生活满意度——一个有调节的中介模型 [J]. 内江师范学院学报(自然科学),2021,10：16-23.

[30] 黄希庭 . 人格心理学 [M]. 台北：东华书局,1998.

[31] 黄希庭 . 未来时间的心理结构 [J]. 心理学报,1994,26（2）：124-127.

[32] 黄紫薇,李雅超,常扩,等 . 大学生心理健康与父母教养方式的关系：心理资本的中介效应 [J]. 中国健康心理学杂志,2020,28（5）：737-742.

[33] 姜乾金 . 领悟社会支持量表 [J]. 中国行为医学科学,2001.10：41-43.

[34] 蒋虹,吕厚超 . 青少年未来时间洞察力与学业成绩的关系：坚韧性的中介作用 [J]. 心理发展与教育,2017,33（3）：321-327.

[35] 蒋苏芹 . 大学生心理资本的内涵与结构研究 [D]. 南昌：南昌

大学,2011.

[36] 鞠蕾 . 家庭背景对大学生心理资本的影响研究 [J]. 科教导刊(下旬),2016(4): 181–182.

[37] 柯江林,孙健敏,李永瑞 . 心理资本: 本土量表的开发及中西比较 [J]. 心理学报,2009,41(9): 875–888.

[38] 周炎根,桑青松,葛明贵 . 大学生社会支持与专业承诺的关系: 职业决策效能感的中介作用 [J]. 中国特殊教育,2012(2): 76–80.

[39] 邝磊,郑雯雯,林崇德,等 . 大学生的经济信心与职业决策自我效能的关系——归因和主动性人格的调节作用 [J]. 心理学报,2011,43(9): 1063–1074

[40] 冷静,刘伟臻,侯东敏,等 . 内隐职业性别刻板印象、信息完整性对大学生职业决策过程的影响 [J]. 心理发展与教育,2017,(3): 282–288.

[41] 李东阳 . 大学生心理资本与心理健康状况的相关研究 [J]. 现代预防医学,2012,39(18): 4761–4762+4765.

[42] 李董平,张卫,李霓霓,等 . 未来时间洞察力、目标定向、社会联结与大学生学习适应 [J]. 心理发展与教育,2008,24(1): 60–65.

[43] 李凤兰,周春晓 . 我国大学生心理健康教育研究的特征及走向——基于文献计量的分析 [J]. 西南大学学报(社会科学版),2015(5): 102–107.

[44] 李佳根 . 择业焦虑、职业决策自我效能感和职业决策困难的关系 [D]. 大连: 辽宁师范大学,2019.

[45] 励骅 . 心理资本视域中的大学生就业心理辅导 [J]. 中国高教研究,2010(3): 73–74.

[46] 梁群君,武碧云,林妙莲,等 . 毕业生未来时间洞察力对主观幸福感的影响: 社会支持和职业决策自我效能感的多重中介效应 [J]. 中国临床心理学杂志,2017,25(6): 1147–1151.

[47] 梁永锋,刘少锋,何昭红 . 大学生积极心理资本与生活满意度的相关性 [J]. 中国健康心理学杂志,2016,24(3): 410–413.

[48] 林井萍,陈龙丹,刘守乾 . 大学生人际压力与抑郁、自我同一性及主观幸福感的关系: 心理资本的调节作用 [J]. 现代预防医学,2018,45(11): 2013–2016+2022.

[49] 凌晨,桑青松,何元庆,等 . 大学生心理资本干预研究 [A]. 第

十四届全国心理学学术会议论文摘要集 [C].2011：593.

[50] 刘海 . 大学生人格特质、成就动机与职业价值观的关系研究 [D]. 成都：四川师范大学，2012.

[51] 刘利敏，张大均 . 父母教养行为对职业生涯探索的影响：职业决策自我效能的中介作用 [J]. 西南大学学报（自然科学版），2021，43（10）：44–51.

[52] 刘罗，李美仪，欧芯露，等 . 地方本科院校大学生积极心理资本、领悟 社会支持与学习倦怠的关系研究 [J]. 当代教育实践与教学研究，2020（14）：61–62.

[53] 刘双妹 . 特质焦虑、未来时间洞察力对情节式未来思考的影响 [D]. 重庆：西南大学，2018.

[54] 刘晓，黄希庭 . 社会支持及其对心理健康的作用机制 [J]. 心理研究，2010，3（1）：3–8.

[55] 刘洋，李杰，高晓萌，等 . 临床医学专业学生工匠心理对职业成熟度的影响：职业决策自我效能的中介作用 [J]. 中国健康心理学杂志 .2022，30（2）：261-266.

[56] 刘媛，姜潮，林媛，等 . 单亲家庭子女心理健康的研究现状 [J]. 辽宁师范大学学报（社会科学版）. 2009（5）：56–59

[57] 龙处芝 . 大学生自尊、领悟社会支持与职业决策自我效能感的关系研究 [J]. 好家长：青春期教育，2018（38）：14–15.

[58] 龙燕梅 . 大学生择业效能感的研究 [D]. 上海：上海师范大学，2003.

[59] 罗凤娟 . 高中生未来时间洞察力对生涯适应力的影响：生命意义感和心理资本的链式中介作用 [J]. 成都：四川师范大学，2021.

[60] 罗小漫，邵明星 . 无聊倾向性、心理资本对高职生职业决策自我效能感的影响 [J]. 职教通讯，2016（34）：21–25.

[61] 罗增让，刘洋，李越 . 大学生积极心理资本、创业自我效能感与创业绩效之间的关系 [J]. 职业与健康，2019，35（5）：671–675.

[62] 吕厚超 . 青少年时间洞察力研究 [M]. 北京：科学出版社，2014.

[63] 马晓春 . 高校特困生问题及其解困工作初探 [J]. 内蒙古师范大学学报，2002，15（3）：18–19.

[64] 倪亚琨，郭腾飞，王明辉 . 大学生特质拖延、跨期选择和未来时

间洞察力的关系 [J]. 中国心理卫生杂志,2018,32（9）: 765–771.

[65] 潘清泉,周宗奎 . 贫困大学生心理资本、应对方式与心理健康的关系 [J]. 中国健康心理学杂志,2009,17（7）: 844–846.

[66] 彭永新,龙立荣 . 大学生职业决策自我效能测评的研究 [J]. 应用心理学,2001（2）: 38–43.

[67] 曲可佳,鞠瑞华,张清清 . 大学生主动性人格职业决策自我效能感与职业生涯探索的关系 [J]. 心理发展与教育,2015（4）: 445–449.

[68] 祁道磊 . 贫困大学生心理资本、应对方式和抑郁的现状和干预研究 [D]. 昆明: 云南师范大学,2020.

[69] 任俊,叶浩生 . 积极: 当代心理学研究的价值核心 [J]. 陕西师范大学学报: 哲学社会科学版,2004,33（4）: 106–111.

[70] 石艳华,王仕龙 . 贫困大学生的积极心理资本状况及提升策略 [J]. 学校党建与思想教育,2017（1）: 82–83.

[71] 石彧坤,臧留鸿 . 大学生体育生活方式与领悟社会支持的关系研究 [J]. 生活教育,2021（11）: 112–117.

[72] 时佩峰 . 大学生专业承诺、职业决策自我效能感与职业决策困难关系研究 [D]. 南昌: 江西科技师范大学,2016.

[73] 宋广文,鲍万杰,何文广 . 中学生学习倦怠与未来时间洞察力、成就目标取向的关系 [J]. 心理与行为研究,2013,11（4）: 478–482.

[74] 宋其争,大学生未来时间洞察力的理论和实证研究 [D]. 重庆: 西南师范大学,2004.

[75] 宋英杰 . 心理资本对贫困大学生家庭教养方式和自杀意念的中介作用 [J]. 职业与健 康,2020,36（12）: 1687–1690.

[76] 宋重阳 . 未来时间洞察力、职业决策自我效能感与高中生职业成熟度的关系及干预研究 [D]. 合肥: 合肥师范学院,2021.

[77] 宋明霞 . 广西高校大学生心理资本的调查研究——基于桂林三所高校的调查 [J]. 太原城市职业技术学院学报,2021（12）: 159–162.

[78] 汤彩云,顾皎,吴文峰,卢永彪 . 领悟社会支持对留守中学生抑郁的影响: 一个条件过程模型 [A]. 第二十三届全国心理学学术会议摘要集(下）中国心理学会会议论文集 [C].2021: 1201–1202.

[79] 唐海波,蒲唯丹,姚树桥 . 社会支持与依恋的关系研究综述 [J]. 中国临床心理学杂志,2008,16（5）: 551–553.

[80] 唐辉一,罗超,王悠悠,等 . 高中生不良人际关系对其心理资本

的影响：领悟社会支持的中介作用及其城乡差异 [J]. 中国健康心理学杂志，网络首发：2021-11-10：14.

[81] 陶传谱．贫困大学生心理健康初探 [J]. 湖北社会科学，2003（6）：104.

[82] 汪向东，王希林，马弘．心理卫生评定量表手册（增订版）[M]. 北京：中国心理卫生杂志社，1999.

[83] 王凯丽．大学生心理资本、职业决策自我效能感与职业生涯规划的关系研究 [D]. 聊城：聊城大学，2019.

[84] 王雨晴，李明蔚．领悟社会支持对师范生学习倦怠的影响：一个有调节的中介模型 [J]. 中国特殊教育，2021（11）：90–96.

[85] 王建坤，陈剑，郝秀娟，等．大学生学习倦怠对生活满意度的影响——领悟社会支持与心理资本的中介作用 [J]. 中国心理卫生杂志，2018，32（6）：526–530.

[86] 魏孟，郑一瑾，王士琳，等．新生代农民工领悟社会支持与生活满意度：有调节的中介模型 [J]. 中国健康心理学杂志，网络首发：2021-12-24：9.

[87] 温忠麟，叶宝娟．中介效应分析：方法和模型发展 [J]. 心理科学进展，2014，22（5）：731–745.

[88] 吴昊．基于积极心理学的逻辑认知 [D]. 黑龙江：黑龙江大学，2016.

[89] 吴伟炯，刘毅，路红，等．本土心理资本与职业幸福感的关系 [J]. 心理学报，2012，44：1349–1370.

[90] 吴焰．积极心理学视阈下大学生心理品质培养研究 [D]. 锦州：辽宁工业大学，2018.

[91] 肖水源，杨德森．社会支持对身心健康的影响 [J]. 中国心理卫生杂志，1987（4）：183–187.

[92] 肖雯，李林英．大学生心理资本问卷的初步编制 [J]. 中国临床心理学杂志，2010，18（6）：691–694.

[93] 谢晓东，喻承甫，李丁丁．职业决策自我效能感在青少年未来取向与职业决策困难间的中介作用 [J]. 中国健康心理学杂志，2016，24（9）：1307–1310.

[94] 邢风华．高职生职业决策风格、职业决策自我效能感与职业决策困难的关系研究 [D]. 扬州：扬州大学，2019.

[95] 徐碧波,陈晓云,王嘉莹,等．未来时间洞察力与大学生职业决策自我效能感的关系：领悟社会支持与自尊的链式中介 [J]. 心理学探新,2021,41（3）：276–281.

[96] 徐海燕,尹林涛．大学生心理资本现状调查及提升策略 [J]. 吉首大学学报（社会科学版）,2018（6）：138–143.

[97] 许威．大学生未来时间洞察力对求职结果的影响——生涯适应力和职业探索的链式中介作用 [D]. 上海：上海师范大学,2021.

[98] 薛巧巧．藏汉大学生职业价值观、心理资本与职业决策自我效能感的关系研究 [D]. 西宁：青海师范大学,2019.

[99] 闫凤霞．大学生归因风格、成就动机与职业决策自我效能感的关系研究 [D]. 吉林：吉林大学,2015.

[100] 阳谦舟,印利红,胡义秋．抑郁对大学新生网络成瘾的影响：领悟社会支持的中介作用 [J]. 湖南工业职业技术学院学报,2021,21（5）：14–18.

[101] 杨萌,刘力,林崇德,等．金融危机中大学生经济信心与就业信心的关系—职业决策自我效能感的中介作用 [J]. 教育科学,2010（4）：66–69.

[102] 杨萍．云南省贫困大学毕业生就业压力应对方式与职业决策自我效能感、社会支持的现状及关系研究 [D]. 昆明：云南师范大学,2014：35–37.

[103] 叶红春．如何发展运用积极的心理资本 [J]. 中国人力资源开发,2004（6）,103–104.

[104] 叶一舵,方必基．青少年学生心理资本问卷的编制 [J]. 福建师范大学学报（哲学社会科学版）,2015（2）：135–141.

[105] 余淑君．大学生完美主义、职业决策自我效能感与职业未决的相关关系研究 [D]. 北京：北京师范大学,2008.

[106] 岳磊,吴佳珂,吴幸哲,邓慧颖,李静．物质主义对关系自尊的影响：领悟社会支持和关系需要满足的链式中介作用 [A]. 第二十三届全国心理学学术会议摘要集（下）[C]. 2021：1303–1304.

[107] 詹启生,李秒．家庭亲密度对大学生职业决策自我效能感的影响：心理资本的中介作用 [J]. 中国健康心理学杂志,2019,27（10）：1585–1589.

[108] 张百艺．高中生父母教养方式、职业决策自我效能感与未来

职业规划的关系 [D]. 济南：济南大学，2019.

[109] 张环伟 . 大学生心理资本对就业压力的影响——职业决策自我效能感的中介作用 [D]. 吉林：吉林大学，2022.

[110] 张佳佳，陈昱伶，汤芙蓉 . 领悟社会支持对公安民警工作投入的影响：心理授权的中介作用 [J]. 中国健康心理学杂志，网络首发：2021-12-24：8.

[111] 张家喜，黄申，齐啸，等 . 气质性乐观对大学生主观幸福感的影响：领悟社会支持的中介作用 [J]. 中国健康心理学杂志，网络首发：2021-11-03：6.

[112] 张阔，张赛，董颖红 . 积极心理资本：测量及其与心理健康的关系 [J]. 心理与行为研究，2010，8（1）：58–64.

[113] 张来香，朱秀丽，张业玲，等 . 实习护生职业决策自我效能感与职业决策困难的相关性研究 [J]. 中国预防医学杂志，2020，21（08）.

[114] 张庆义 . 领悟社会支持、体育锻炼行为与青少年乐商的关系研究 [D]. 曲阜：曲阜师范大学，2015.

[115] 张书皓，杨语煊，吕少博，等 . 自我意识对职业决策困难的影响：生涯适应力与职业决策自我效能感的链式中介作用 [J]. 中国健康心理学杂志，2021–12-27：16.

[116] 张书朋，张庆垚，李彩娜 . 领悟社会支持性别差异的元分析 [J]. 心理发展与教育，2015，31（4）：393–401.

[117] 张晓黎，车丽萍 . 学术型硕士研究生专业认同、职业决策自我效能感与职业决策困难的关系研究 [A]. 第二十三届全国心理学学术会议摘要集 [C].2021：188–189.

[118] 张轩辉、余红娥 . 大学生职业决策自我效能感与心理资本的关系研究 [J]. 山东农业工程学院学报，2016，33（8）：73–74.

[119] 张艳娜 . 大学生归因风格、心理韧性与职业决策自我效能感的关系研究 [D]. 郑州：河南大学，2017.

[120] 张云逸 . 未来时间洞察力、自尊、职业决策自我效能感在高中生职业决策中的作用探究 [D]. 石家庄：河北师范大学，2020.

[121] 仉朝晖 . 大学生心理资本、学业倦怠与生活满意度的关系研究 [D]. 天津：天津大学，2017.

[122] 赵冯香 . 大学生职业决策量表的编订及应用研究 [D]. 杭州：浙江大学，2005.

[123] 赵建华 . 大学生心理资本、体育锻炼态度与主观幸福感关系研究 [D]. 南京：南京师范大学，2019.

[124] 赵旋 . 大学生心理资本对职业决策的影响 [D]. 哈尔滨：哈尔滨师范大学，2019

[125] 郑日昌，张杉杉 . 择业效能感结构的验证性因素分析 [J]. 心理学报，2002（1）：28–31.

[126] 周方 . 大学生未来时间洞察力、成就目标定向与学习投入的关系 [D]. 四川师范大学，2015：1–79.

政策文件：

[1] 广西壮族自治区教育厅等 8 部门关于印发《广西壮族自治区家庭经济困难学生认定实施办法》的通知（桂教规范〔2019〕13 号）

后记

行文至此，书稿已近尾声，正式完成本次研究的内容，心中感慨甚多。回想整个过程，从最开始对研究问题的感性认识，到梳理文献、研究思路的日渐清晰，以及研究实施后，看到研究结果与研究假设的相互碰撞，自己身在其中感受到诸多疑惑解决后的喜悦与欣慰。此时此刻，心中最想表达的是感谢之情。

本书是本人主持的玉林师范学院2015年校级科研课题"积极心理学在地方高校贫困生就业指导中的实践研究"（2015YJYB07）成果。在此，感谢我的同事们。在开展研究的过程中，我得到了玉林师范学院及广西区内各兄弟高校的许多帮助，在与他们的交流中受益匪浅。

感谢积极参与访谈及问卷调查的同学们！他们在访谈研究与问卷调查的预测验与正式测验中给与了很好的意见反馈，并认真参与其中。感谢我所带的心理学专业学生们！研究过程中在资料整理方面，他们协助做了大量工作，包括文献资料收集与整理、调查问卷的发放与回收、协助开展问卷调查的测量、后期数据整理与分析以及后期文稿校对等，给予切实的帮助，提出了许多富有建设性的见解。

感谢我的家人们！在坚持开展研究与研究写作的这一路上，作为两个孩子的母亲，我能争取的时间是有限的。在工作、生活家庭和研究方面，我非常感谢家人的默默支持与关爱，他们毫无怨言地承担了几乎全部家庭事务并倾注精力辅导孩子的学习，用心陪伴孩子成长，使我能全身心地投身于研究与写作中。

本书开展的研究及写作参考了大量的前人研究资料，他们倾注心血的研究成果为我们打开了一个新的视野，让我们更好前行，在此，向这些文献作者表示由衷的感谢与敬意！

最后，感谢我与积极心理学的遇见。幸福是有意义的快乐，面对不确定性的人生与平凡的生活，我们需要做的更多是主动与积极，积极行动，培养建构积极的情感、积极的人格和积极的社会支持体验，让自己的人生更加鲜活。在追逐提倡美好生活向往的今天，通过研究，我更加相信积极心理学能带给社会发展和个人成长的积极力量，也更加坚定今后开展积极心理学的研究的信心。

最后，再次感谢所有关心、支持和帮助我的人！

赵伯妮

2022 年 5 月于玉林师范学院东校区荔园